AF443954

Alejandro Padrón (El Rincón, Edo. Monagas, 1944) es economista de profesión. Se doctoró en la misma disciplina, en la universidad de la Sorbona, París I. Es profesor jubilado de la Universidad de Los Andes, Mérida. Fue embajador de Venezuela en Libia (2000-2002). Escribe en publicaciones venozolanos e internacionales con frecuencia: *Papel Literario* de *El Nacional, Quimera, Cinesquema*. Ha sido incluido en diversas antologías venezolanas y extranjeras, como en *TrentaCuentos* de la editorial Casabierta de Mallorca; *Mínima Expresión* (una muestra de la minificción venezolana) de la Fundación para la Cultura Urbana. Ha publicado tres libros de cuentos: *Un cierto regreso, Zona de sombra, Mundo Perdido,* y una novela, *Escuela de perros,* con Random House Mondadori. Actualmente reside en Mérida, donde es propietario de la librería Ballena Blanca.

Yo fui embajador de Chávez en Libia

ALEJANDRO PADRÓN

Yo fui embajador de Chávez en Libia

dahbar

1ª. edición: 2011

Depósito legal: lf25220110702614
ISBN:978-980-7212-08-3

Diseño de tapa: Gustavo González
Corrección de pruebas: Carlos González Nieto
Impreso en Gráficas Lauki
Impreso en Venezuela (*Printed in Venezuela*)

Soy un tonto que me dejo dominar por la pobreza.

PANCHATANTRA

Una embajada es como el gobierno de un Estado. Está organizada para funcionar con una autoridad competente en ausencia de toda autoridad y a pesar de ella.

JOHN KENNETH GALBRAITH,
DIARIO DE UN EMBAJADOR

A PRUEBA DE GRANADAS

Muchas cosas se cuentan en Libia, y fuera de ella, sobre Muammar Gaddafi. La imagen de Gaddafi se me fue construyendo sola. Un hombre con tantos años en el poder era blanco de ataques con razón o sin ella. A eso están expuestos los caudillos de regímenes de fuerza o totalitarios. A su alrededor se teje una leyenda con múltiples contornos en donde mito y realidad tienden a confundirse. Escuché muchas historias del líder libio y corroboré con mis propios ojos algunas de ellas. Recuerdo haber visto un programa de televisión en el canal del Estado (el único que hay), cuando de pronto comenzaron a trasmitir una visita intempestiva de Gaddafi en un lugar de la ciudad de Trípoli. Se desplazaba a pie por una larga y ancha avenida acompañado de guardias armados y de la televisión, por supuesto. A un lado de la vía se veían tarantines repletos de frutas. Al parecer algunos de sus dependientes vendían manzanas de contrabando. La cámara de televisión lo seguía mientras llegaba al primer puesto de ventas. Tomaba en sus manos una manzana e interrogaba a su dueño sobre la procedencia del fruto. El pobre hombre asustado decía la verdad y el propio Gaddafi le desbarataba su negocio echándoselo por el piso. Así seguía y actuaba con los que carecían de permisos. En un momento dado un sargento que custodiaba uno de los tarantines trató de decirle algo. Gaddafi, molesto, lo golpeó propinándole una fuerte bofetada y el soldado se precipitó al suelo. En apariencia quería trasmitirle al pueblo su combate personal contra toda actividad ilícita. Recordé entonces los lugares públicos cerca de la capital donde existían mercados de autos importados, unos de contrabando y otros subsidiados por el Estado para personal especial del Gobierno como los militares; no obstante, después eran revendidos a precios exorbitantes, con lo cual establecían de hecho un mercado ilegal. Sin embargo, allí continuaba la venta automotriz a ojos vistas y las autoridades poco hacían para evitarla. Lo mismo sucedía con la propiedad. Según la ley libia los dueños de viviendas no pueden tener más que su propia casa, de lo contrario tendrían que traspasar la otra propiedad al Estado, y si por casualidad se descubriera un negocio ilícito con ella, los culpables irían directo a la cárcel, aunque la casa de la misión venezolana, de tres pisos y de cierto lujo, nos fuera alquilada por un militar retirado. Aproveché la circunstancia para pedirle revisión del alquiler y negocié con él hasta que concedió una rebaja para el Estado venezolano. Su propietario sabía que hacía un negocio ilegal, pero era una práctica común ejercida por los militares libios.

De los líderes se habla mucho y particularmente Gaddafi copa una buena parte de la conversación entre los diplomáticos. Uno de ellos me refirió una situación surgida durante un viaje por tierra del Líder hacia el oriente del país. Por una de esas carreteras solitarias viajaba Gaddafi acompañado de una caravana de Mercedes Benz, todos negros con vidrios ahumados y del mismo modelo y año. Según me contaron, se trataba de impedir que descubrieran en qué auto viajaba. Así podía evadir cualquier posible atentado contra él. Nadie sabía en qué auto iba él, aunque a los estadounidenses les hubiese bastado con lanzarles una bomba a todos.

En un momento del trayecto el Jefe del Gobierno libio se dio cuenta de un pobre pastor que arreaba sus ovejas por la orilla de la carretera. Detuvo la caravana, se bajó del auto y se puso a conversar con el campesino. Llegó a la conclusión, por el número de hijos del señor y la lejanía de su casa, que necesitaba un auto. Escogió uno de los vehículos de la comitiva y se lo regaló al pobre pastor, que miraba absorto la caravana de automóviles alejarse. Las preguntas que hice en torno a si el hombre sabía conducir o si mejorarían las condiciones de trabajo con ese regalo no me fueron contestadas. Todo quedaba para la especulación, como podía serlo el propio cuento.

El otro aspecto que cada cierto tiempo se ventilaba en la población era la sucesión de Gaddafi en el poder, materia recurrente porque eran más de treinta y tres años en la conducción de los destinos de Libia desde su insurgencia militar, y sus siete hijos ostentaban aspiraciones concretas. Se señalaban las preferencias del propio Gaddafi por su hijo médico del primer matrimonio. Sin embargo su mujer, como es obvio, prefería a uno de sus propios hijos. La situación se ponía tensa cada año. Existen especulaciones que atribuyen a Gaddafi sospechas hasta de sus propios hijos y sus deseos evidentes de ir pensando en la sucesión como si fuera un rey cualquiera. De ahí los comentarios sobre su hijo menor, jefe de uno de los destacamentos del Ejército en el oriente del país, a quien debió sustituir, al menos por un año, al enterase de que el pequeño vástago andaba con movimientos extraños cerca de la frontera con Egipto. Lo envió de "vacaciones", encomendándoselo a su amigo el presidente egipcio Hosni Mubarak. Cuando regresó, al año de su descanso forzado, su padre ya le tenía un trabajo distinto. Se comentaba además en nuestro medio sobre el malestar de los hijos con su padre, pues Gaddafi había dado órdenes de requisar a cualquier persona que quisiera visitarlo, incluyendo a quienes tenían nexos familiares con él.

La gente le endilga a Gaddafi tener relaciones con varias mujeres. No es extraño en un país árabe. Al parecer, él intenta demostrar fidelidad a su esposa actual. Tiene siete hijos, uno de ellos del primer matrimonio y los otros seis del segundo. Todos con roles políticos importantes y con férreo control de sectores económicos fundamentales. Quizás su cuento más fabuloso pudiera dar motivo para una telenovela. Encontrándose Gaddafi en un hospital donde se le practicaría una intervención quirúrgica, se había armado un complot para asesinarlo. Las fuerzas de seguridad habían tomado las máximas precauciones del caso. Las únicas personas autorizadas para entrar a su habitación eran la enfermera que lo cuidaba y el médico que lo operaría. El día destinado para consumar el magnicidio la enfermera fue a su habitación y Gaddafi entabló conversación con la mujer, la cual quedó prendada del Líder por su magnetismo. En ese instante, al sentirse atrapada por la seducción del personaje, le confiesa su implicación en un complot para asesinarlo y de inmediato le cuenta quiénes están involucrados y le entrega el arma que llevaba escondida para matarlo. Pasó entonces de ser una asesina en potencia a una seducida delatora del plan conspirativo. Gaddafi acabó con el movimiento sedicioso y eliminó a los militares implicados. Luego la entusiasta enfermera involucrada y seducida pasó a convertirse en su mujer actual, con quien tiene cinco hijos varones y una hembra.

Me enteré, a través de un diplomático libanés, que en una conferencia de prensa dada por Gaddafi, un periodista extranjero se paró súbitamente entre el público y le lanzó una granada. El Líder, como si hubiese sido un hecho irrelevante, la vio caer a su lado y siguió con su discurso como si nada hubiera pasado, mientras las fuerzas de seguridad apresaban al intrépido periodista. El pueblo debió sentirse orgulloso, y con razón, del coraje de su Líder. Lo primero que observé ante la insólita historia es que, en un acto intempestivo como ese, la cámara siguiese el recorrido de la granada de manera tan milimétrica, cuestión que sólo sería posible si el evento hubiese sido ensayado previamente. Quien conozca algo de cine sabe que una acción como la descrita es bien difícil de filmar. Podría captarse el momento del lanzamiento, pero nunca el seguimiento de la granada en todo su trayecto. Eso sólo es posible en los torneos de golf donde hay camarógrafos veteranos que tienen práctica en seguir el recorrido de una minúscula pelota y se preparan para ello. Además, le dije a mi amigo, después de conocer las medidas de seguridad que se despliegan alrededor del jefe de la revolución, resulta casi imposible que alguien entre a un recinto oficial sin que se le practique un cacheo minucioso con detector de armas y registros manuales. Y mucho menos lograr pasar una granada a un recinto donde se encuentra el Líder. Poco tiempo después tuve la oportunidad de ver el video que trasmitían en televisión sobre este acontecimiento.

La gente de Trípoli es conversadora y simpática. El país puja por abrirse al resto del mundo. Pero los obstáculos de un pasado violento dificultan su completa aceptación en la comunidad de naciones fuera de África. Los diplomáticos hablan de un cambio futuro en Libia. Lo sé porque yo fui uno de ellos. Yo fui embajador de Chávez en Libia.

Nunca imaginé que esa llamada telefónica iba a cambiar la tranquilidad de mi actividad académica en la universidad. La voz suave y precisa preguntó por mí y yo le respondí tratando de reconocer aquel tono de reminiscencias lejanas.

—Sí, soy yo –le dije.

—Le habla el ministro de Energía y Minas –dijo.

Pensé que se trataba de uno de esos bromistas cultores del ocio. Le respondí soltándole un par de palabrotas cuando me di cuenta de que en verdad se trataba del alto funcionario que una vez había invitado a mi facultad para que dictara una conferencia sobre petróleo. Era el ministro Alí Rodríguez, en aquel momento presidente de la Comisión de Energía y Minas en el antiguo Congreso Nacional, por la Causa R. Me disculpé de diversas formas y él entendió que situaciones como esas ocurrían con frecuencia. Avergonzado, opté por callarme y escuchar.

—Le informo que usted es el nuevo embajador en Libia; lo decidimos ayer –me dijo de sopetón.

Enmudecí por segundos, tiempo suficiente para sentir que el espacio temporal se había alargado demasiado sin pronunciar más palabras.

—¿Embajador de Venezuela en Libia? –pregunté desconcertado–. Pero, ¿cómo es eso, ministro? –volví a preguntar sin salir de mi asombro.

—Lo espero el fin de semana para ultimar detalles, ahora

ando ocupado —respondió secamente—. Le explicaré con amplitud la decisión cuando lo vea —se despidió dejándome con el sonido intermitente del teléfono en la mano.

El silencio de mi casa me golpeaba el rostro. Caminaba de un lado a otro, sentía con claridad mis pasos aturdidos recorriendo los espacios desiertos del pasillo central. Mi mujer andaba en la universidad, mis hijos también, no tenía con quien compartir la inexplicable noticia. De súbito acudió en mi ayuda un hecho acaecido hacía un par de meses que terminó despejando mi mente: "¡El currículum vítae, claro, cómo no lo pensé antes!".

Las piezas del rompecabezas comenzaban a calzar y recordé que en un viaje a la capital, a instancias de un amigo, me invitaron a participar en una reunión organizativa para conmemorar los 40 años de la OPEP, celebración en la cual nuestro país sería el miembro anfitrión. Al salir de la reunión, Jorge Valero, viceministro de Relaciones Exteriores, amigo de luchas políticas en los años sesenta, me pidió que le enviara un currículum vítae. Pensé que se trataba de algo relacionado con la comisión que dirigiría la celebración del aniversario de la organización petrolera. Regresé a mi ciudad y olvidé por completo su petición hasta que dos semanas después su secretaria se encargó de recordármelo. En ese momento envié al ministerio mis datos personales y profesionales.

Ahora me encontraba en una situación de hecho. Viajé de nuevo a Caracas para atender al llamado del ministro de Energía y Minas, pero no pudo recibirme. Al vicecanciller Valero le fue encomendada la tarea de atenderme.

—Es cierto, eres el nuevo embajador de Venezuela en Libia —me dijo sonreído como quien comenta una travesura.

—Pero... —no me dejó balbucear siquiera una frase.

—Así que te vas preparando porque debes salir hacia Trípoli lo más pronto posible —me dijo, con cierta satisfacción reflejada en el rostro.

—Jorge, sabes muy bien que yo no voté por Chávez, no

pertenezco al partido de gobierno ni tengo interés en formar parte de él. Hace tiempo dejé la militancia activa guardada en el trastero de mi casa y no pienso desempolvarla.

—No importa, conozco tus convicciones políticas de hombre de izquierda, sé de tus estudios de posgrado en materia petrolera y estoy enterado de tus trabajos de investigación al respecto. Nosotros necesitamos gente especializada para cubrir las embajadas del Medio y del Cercano Oriente. El tiempo del compadrazgo para ocupar los cargos diplomáticos se acabó con esta revolución –me dijo, con la convicción que siempre había tenido en sus luchas políticas–. Tómate tu tiempo para pensarlo, pero no tardes mucho en decidirlo.

—Jorge… –me volvió a interrumpir.

—No me vayas a quedar mal, necesito tu colaboración. Vengo de estar recientemente en Libia y aquello es un desastre, la embajada está en el suelo, ayúdame en esta tarea –me pidió, dando por descontada mi solidaridad.

De regreso a Mérida pensé en las razones que me habían puesto en el camino hacia esta oportunidad: mi amistad con Valero, mis estudios petroleros, un trabajo de ascenso sobre Libia –requisito académico de mi universidad para optar a un escalafón superior– titulado "Libia y la nacionalización petrolera". Argumento definitivo que había esgrimido el Presidente al deslizar su dedo regordete a lo largo de la página y detenerse en esa línea de mi currículum, según me había comentado Jorge. "Un trabajo sobre la nacionalización petrolera en Libia… ¡Este es el hombre que necesitamos como embajador! No me interesa más nada, es suficiente para mí, y si de paso ustedes lo recomiendan, entonces mi palabra final es que él debe ser nuestro representante diplomático en Libia", había dicho el Presidente en tono lapidario, según el comentario de Valero.

Discutí con mi familia aquel ofrecimiento que me daba una oportunidad única. Ningún gobierno me había hecho una proposición similar en mis años como estudioso de la materia petrolera. Estaba a punto de jubilarme y mi carrera cerraría con broche de oro porque iba al propio territorio a observar de manera directa lo que había investigado teóricamente sobre aquel país petrolero. Mis hijos me apoyaron, creyeron que no debía perder la ocasión que se me presentaba. En cambio mi mujer se opuso rotundamente. Decía que ya el teniente coronel mostraba con claridad su tendencia autoritaria y ella intuía una radicalización de su política en un futuro cercano.

Después de la juramentación de los nuevos embajadores que hizo el presidente Chávez en Miraflores, se me acercó el canciller –en ese momento era José Vicente Rangel–, me tomó del brazo y me dijo en un susurro cómplice unas palabras que me llamaron la atención:

—Tú sabes que Chávez me preguntó que quién eras tú y yo le contesté: "¡Ese es un palo de hombre!".

Dudaba el Presidente, y José Vicente con esa afirmación trataba de hacerme ver que él me consideraba uno de ellos. No sé si fue verdad esta afirmación del canciller. En todo caso, en él o en el Presidente existían dudas: yo no era un hombre público y mucho menos un político conocido.

Luego en el brindis de refresco de piña que se hizo tuve la oportunidad de intercambiar unas pocas palabras con Isaías Rodríguez, quien llegó a decirme que él era un poeta prestado a la revolución. Y yo pensé que decía la verdad, pero que el préstamo era a largo plazo.

Tres meses después hacía mis maletas para viajar al país africano.

El mar se vuelve arena y la arena, tierra. Y desde arriba las manchas verduscas pasan descubriendo un otoño bizarro. Esperaba una estación de tonos ocres, marrones oscuros y hojas secas. El aire alborozado peina la superficie, cada vez más cercana a mis ojos. Un sacudón del avión me devuelve la certeza a la vida, esa frágil seguridad que a nuestros ojos dura tantas horas en el aire. Observo el paisaje a través de la ventanilla mientras la nave avanza por una de las pistas del aeropuerto. De París a Libia es un salto, me digo, mientras el aguacero se bate contra el avión y de pronto comienzo a sentir frío. ¿Pero qué es esto?, me pregunto.

Saludos, reverencias, atenciones y el camino hacia el salón vip del aeropuerto de Tarabulus, la capital de Libia, conocida como Trípoli en español. Trato de explorar de manera anárquica el espacio por donde me conducen. Es un aeropuerto austero como el de un pueblo grande. Mucha gente nos mira. Todos parecen espías o al menos curiosos profesionales. En el ambiente predomina un color gris ratón y tonalidades pálidas. La gente camina rápido; la policía de civil y de uniforme se desplaza de acuerdo con la importancia del visitante. Veo los primeros avisos con inscripciones en árabe y algunos en inglés. Allá abajo se distingue y se escucha el traqueteo de la correa que pasea los equipajes hasta que alguien los recoja. Hay un saludo reverencial del jefe de protocolo de la Cancillería libia. Todos los gestos me parecen artificiales y pomposos. Esa debe ser la costumbre en la diplomacia. Han de recibir diariamente a muchos visitantes y se saben de memoria la cartilla. Un hombre sospechoso se abre paso entre la gente y nos permite avanzar. Es parte de los avatares del mundo diplomático según la investidura del visitante, supongo.

Ya en el salón vip me dan la bienvenida una serie de personajes que luego serán comunes en mi cotidianidad. Me reciben un par de pequeñines con aire nervioso y amable: el ministro consejero de nuestra embajada y su señora esposa. Me ofrecen agua o refresco. En verdad, hubiera preferido un güisqui, pero sé que las bebidas espirituosas están prohibidas en esta parte del continente africano. Menos mal que en territorio venezolano no será así, me digo, pensando en nuestra embajada.

El auto Mercedes Benz del gobierno libio se desplaza sin obstáculos por una amplia avenida. A ambos lados se ven vastas extensiones de tierra con plantaciones de olivos en perfecta armonía. Aparecen a cierta distancia los primeros camellos. Un par de motocicletas nos escolta con un escándalo de sirena estridente. Dicen que la impresión de la primera vez marcará el tono de la estadía. Y ojalá así sea. Siento una grata familiaridad que me hace recordar mi vieja ciudad de Cumaná, la primera metrópoli fundada en el continente americano. Mi patria chica, como suele decirse. Por ahora resulta apresurado emitir juicios. Sólo me toca devorar cuanto paisaje me pase por delante, a los lados, lejos, en lo profundo del parabrisas. El tráfico en las calles deterioradas es un caos. Sin embargo los libios parecen duchos en este tumulto de gente que se cruza por todas partes entre automóviles que imponen récords y evidencian milagros. A las afueras observo cómo se quedan viendo la comitiva oficial tratando de adivinar la identidad de la persona recién llegada, pese a las banderitas de mi país en la parte delantera del vehículo. Los libios parecieran estar acostumbrados a este tipo de acontecimientos. Miro viejos afiches del presidente Chávez en algunas paredes descascaradas correspondientes a su primera visita a este país. Me sorprende la profusión de grandes retratos de Gaddafi en todo el trayecto: en las esquinas de las avenidas, en los terrenos vacíos, en los edificios públicos y centros comerciales. Son gigantografías que ocupan fachadas completas. Es inevitable recordar al diputado de la Asamblea Nacional, presidente de la Comisión de Política Exterior, quien me advirtió sobre la profusión de la imagen del líder libio y su impacto cuando se mira por primera vez ese despliegue. Hay una característica que me llama la atención sobre su imagen, y es que el jefe de la nación libia, en la mayoría de los retratos, lleva cubiertos los ojos con unos lentes Ray-Ban, a veces oscuros, otras veces amarillos, y siempre mira hacia lo lejos, como si no perteneciera a este mundo.

He llegado a Libia con un *dossier* de argumentos negativos sobre su capital. Me han hablado mal de este país y de su gente, pero mi apreciación es otra: sus pobladores y la atmósfera de cordialidad me resultan una sorpresa de entrada. Hasta el clima me ha recibido con benevolencia. Tenía la impresión de que era un país donde hacía un calor sofocante todo el tiempo, con precipitaciones escasas, pero llegué al aeropuerto bajo un palo de agua y con una temperatura de quince grados centígrados. Me han dicho que es el mejor momento, es fin de octubre, una estación que durará hasta abril del próximo año. Luego veremos. Según dicen, me espera el tiempo más duro en Libia.

Entramos a una calle ciega, de tierra, llena de huecos. Al final está la residencia del embajador; al lado, un vistoso basurero, tal como me lo había descrito el vicecanciller Valero. Frente a la casa, un Mercedes Benz chocado y, en apariencia, inservible. No puedo evitar el recuerdo del general malencarado de Relaciones Exteriores que se negó a algunas de mis peticiones presupuestarias para proveer la embajada de un vehículo. Me recibe un personal sonriente al servicio del embajador. La residencia es un caserón descuidado de tres pisos, con arcos árabes y desgastado mobiliario. El ministro consejero me conduce a mi habitación en el segundo piso. Un espacio amplio y arreglado para el ilustre recién llegado. Por las mismas entro y salgo; quiero aprovechar la caída de la tarde para mirar la ciudad.

La noche en Trípoli es un tesoro. La ciudad con visos de modernidad se extiende a lo largo de la playa y está iluminada por potentes bombillas. El chofer de la embajada, Rezex, quien será mi cotidiano acompañante, conduce el jeep por la autopista costera que hace tiempo construyeron los polacos. En su correcto francés de marroquí me explica todo cuanto miro. El aire yodado de la playa me transporta a mi ciudad marina. En la dársena se ven grandes barcos y unas grúas que alzan y desplazan volúmenes coloridos.

—Aquel es el ferry que va a la isla de Malta; el otro es un carguero petrolero; este es un barco que han transformado en restaurante; el de más allá es un yate privado… –apunta el chofer sin cesar.

La gente camina por el malecón, va protegida, hace mucho frío. Observo una variedad de cafés y me alegra; soy asiduo visitante de esos establecimientos. En ellos he escrito unas cuantas páginas y he tenido las mejores conversaciones de mi vida. Recuerdo con nostalgia el T'Café, un espacio de encuentro donde me reunía con mis colegas universitarios. Del otro lado de la avenida destaca una bandera en lo alto de un asta.

—Embajador –dice el chofer marroquí–, esa es la embajada italiana. Continuamos por la gran avenida acercándonos a la Plaza Verde y al Museo Arqueológico de Trípoli. Más adelante veo una de las entradas a la Medina, la ciudad antigua. Alcanzo a mirar el Arco de Marco Aurelio, que conocía por historia y algunas fotografías. El chofer aminora la marcha y se detiene a un lado de la vía para explicarme que es una estructura compuesta por bloques de mármol sujetos sin ningún tipo de cemento. "Tiene dieciocho siglos y fue erigido en honor a los emperadores Marco Aurelio y Lucio Vero", me dice. Pregunto al chofer por las causas de su deterioro evidente y me responde de inmediato:

—Según cierta profecía, quien se atreva a tocar una sola

piedra recibirá los más graves castigos y la ciudad se verá envuelta en desgracias horribles.

Pienso que la negligencia de los gobiernos produce buenas justificaciones. No sé cuánto tiempo permaneceré en este país, y particularmente en esta ciudad, pero no puedo pretender ver todo en una sola noche. La impresión, por momentos, es que debo aprovechar cada día como si regresara mañana a mi país.

El mar es oscuro y sin olas y algunas gaviotas andan revueltas buscando donde guarecerse. Volvemos a la residencia oficial, debo descansar esta noche, el viaje ha sido agotador. Mañana temprano iré a la misión y despacharé por primera vez como embajador de la República Bolivariana de Venezuela.

Al llegar a la residencia me abren la puerta del viejo Land Rover, un 4x4 que a duras penas rueda. La embajada no tiene un vehículo apropiado. Pregunto por el Mercedes despatarrado como un pesado animal frente a la casa y el chofer me dice de forma misteriosa que fue chocado por un menor de edad: el sobrino del embajador anterior. ¿Cómo es que un embajador puede irse dejándole esa responsabilidad al sucesor?, me pregunto, probablemente con ingenuidad.

Me presentan a la cocinera, una joven marroquí que me invita a la mesa. Ceno acompañado del ministro consejero y su esposa. Ella, muy conversadora, trata de ponerme al día con la rutina de la casa. Él, muy comelón con su sonrisita de sátiro, asiente a todo lo que ella dice. Hay algo raro en el ambiente cuando les pregunto por el resto del personal de la residencia. Los dos se enredan al tratar de explicarme el despido de la antigua cocinera. Desvío la atención hacia la exquisita comida marroquí de la cual sólo pruebo una ensalada. Ceno siempre frugalmente; costumbre que perderé muy pronto.

Durante la cena el ministro consejero y su esposa pretenden enterarme de todo cuanto ha ocurrido antes de mi llegada. Ella muy locuaz y él concentrado en las delicias culinarias. Su mujer me informa en detalle sobre el personal de la misión. Ella no es empleada de la embajada venezolana, pero habla como si lo fuera. En un momento de la conversación hace una alusión racista con relación a uno de los empleados, que recibo con desagrado.

—No se puede hablar de esa manera –le digo, y para suavizar la situación, porque ella, al escuchar mis palabras, se incomoda, agrego en tono jocoso–: Quién sabe si mañana su hija se case con uno de ellos.

—¡Huy, no, Dios libre a mi hija de casarse con un negro! Esa gente tiene algo distinto a nosotros, no sé –terminó diciendo con un dejo escrupuloso frunciendo la boca.

Me quedé perplejo. No pude contener mis palabras:

—Usted sabe, señora, mi padre era negro –le digo mirándola a los ojos.

La mujer palidece y, como si la hubiesen pinchado con una aguja, me responde atribulada:

—¡Sí, pero no me refiero a su padre –a quien no conocía, por supuesto–, él es distinto! –me dijo en forma atropellada y siguió hablando para tratar de enmendar su error, pero se hundía a cada segundo; no hallaba cómo salirse del aprieto en donde se había metido.

Guardo silencio, pero ella continúa enredándose al tratar de encontrar explicaciones peregrinas. El ministro consejero por poco se atraganta, no a causa de la comida, sino por la risa que le produce observar a su esposa en aprietos.

Mi habitación es amplia, con un ventanal hacia la calle. Una espaciosa cama ocupa el centro del recinto sobre una alfombra con motivos orientales. Hacia los pies destaca un inmenso guardarropa, y cerca de la ventana, un agradable escritorio donde coloco mis primeros libros y la agenda que me servirá de compañía durante mi primer año en Libia. En una pequeña mesa veo una jarra con agua y una lámpara antigua. El baño está fuera del cuarto, es la única incomodidad (luego me entero de que el ministro consejero, que ha usurpado temporalmente la residencia por ausencia del embajador, ha dispuesto del mejor

cuarto con baño para él y su esposa). En uno de los lados de la
cama hay un teléfono, y un servicio de toallas blanquísimas re-
posa sobre un canapé. En la noche sueño que miles de alacranes
custodian mi reposo. Despierto sobresaltado y enciendo la luz
de la lámpara. Así tendré oportunidad de conocer a los minús-
culos habitantes de lo desconocido. Sin embargo, la fatiga me
hunde en los predios de Morfeo hasta el esplendor del sol ma-
ñanero y el primer llamado a orar que se escucha muy temprano
por los altavoces de las mezquitas de la ciudad. A ello debo
acostumbrarme porque sucede cinco veces al día, incluyendo la
última oración de la noche. Parecen lamentos lejanos con tonos
de voces distintos que se confunden y se esparcen por los techos
de Trípoli.

EL VIEJO REY Y EL JOVEN TENIENTE

Gaddafi es una leyenda que crece como las arenas del desierto. Mucho antes de llegar a Libia dediqué un tiempo a estudiar su personalidad. Me interesaba ese personaje que había sobrevivido a varios atentados, algunos de ellos espectaculares. Un gran amigo diplomático, el cónsul español, me ayudó en el conocimiento de su particular carácter. Algunos otros embajadores y funcionarios aportaron datos para completar el perfil del hombre mítico.

Cuando llegué a Libia se habían cumplido treinta y tres años de la revolución; hoy van más de 42. Como se sabe, el golpe de Estado liderado por un grupo de jóvenes oficiales de las Fuerzas Armadas, comandado por el teniente Muammar al-Gaddafi, se llevó a cabo el 1° de septiembre de 1969 a muy tempranas horas del día. A las 6:30 de la mañana ya Gaddafi había tomado una radio en Bengasi (ciudad del oriente del país) y trasmitía conjuntamente con la radio de Trípoli su mensaje revolucionario, del cual me permito reseñar sólo apenas dos fragmentos particulares:

> ¡En nombre de Dios, el Clemente, el Misericordioso! Para dar cumplimiento a tu libre voluntad, para realizar tus preciadas aspiraciones, para responder a tus numerosos llamados al cambio y a la purificación, que exigen trabajo e iniciativa, ardientes de deseos

de revolución y combate tus Fuerzas Armadas han destruido el régimen reaccionario atrasado y decadente.

Por un golpe del destino, la oscuridad de las edades –después de la dominación turca hasta la tiranía de los italianos y la época de la reacción, de sobornos, de intervenciones, de favoritismos, de la traición y de los traidores– ha sido disipada. A partir de este momento, Libia es una república libre y soberana, que lleva el nombre de República Árabe Libia. Con la ayuda de Dios, ella alcanzará los más altos destinos.[1]

Fue un golpe en donde hubo apenas un muerto y quince heridos. El control por parte de los golpistas había sido total. Entre ellos se encontraba, en Sirte, ciudad natal de Gaddafi, su padre Abou Méniar quien respaldó la operación militar. Sólo una semana después de dicho golpe la población se iba a enterar de que un joven teniente de 27 años de edad era el jefe de los rebeldes en el poder.

Para el momento de la asonada militar el rey Idriss al-Sanousi se encontraba de vacaciones en Turquía con la reina Fátima. Pese a sus esfuerzos por recuperar el poder, tratando de involucrar a los Estados Unidos e Inglaterra, terminó fracasando. Los estadounidenses residenciados en Libia se habían enterado un poco tarde de los acontecimientos y los ingleses también, a través de una emisora londinense. Poco pudieron hacer ya que las fuerzas de Gaddafi tenían absoluto control sobre el Ejército. Aunada a esta situación estuvo la posición de los estadounidenses, quienes nunca creyeron que la política del nuevo gobierno afectaría sus intereses. Por otra parte, la descomposición de la monarquía desde el punto de vista moral y el deterioro económico y social de la población terminaron de completar el cuadro propicio para el advenimiento de la insurrección militar[2].

---

1 Cit. en Cooley, John, *Kadhafi, vent de sable sur la Libye*, Ed. Robert Laffont, pp. 12, Paris, 1982.

2 La descomposición era tal que cuando deponen al rey Idriss no hubo resistencia. Ni siquiera las fuerzas sociales opositoras a la monarquía protestaron. La apatía era

Cuatro meses después del golpe se sabía poco sobre los 14 oficiales que habían tomado el poder. Pertenecían a las clases más pobres. Procedían de las tribus rurales más necesitadas. Todos habían estudiado en la Academia Militar porque no calificaban para entrar en la universidad, que al parecer estaba reservada a los miembros y allegados de la monarquía y de la burguesía nacional. Así se fue consolidando un movimiento con gran resentimiento, heroicidad y deseos de venganza[3]. Todos los oficiales golpistas estuvieron siempre bajo la influencia de Gaddafi. Este, a la edad de 18 años, cuando estudiaba la escuela secundaria en la ciudad de Sebha, ya instruía a sus compañeros en la doctrina nasserista de la revolución árabe egipcia, causa a la que se plegarían después de la toma del poder. Como consecuencia de la formación de ese grupo y sus actividades políticas, las autoridades de Sebha terminaron expulsándolo de la ciudad y los oficiales tuvieron que irse a terminar sus estudios a la ciudad de Misurata. Gaddafi, según la información de que disponemos, siempre se mostró como un líder natural. Les trasmitía a sus colegas la necesidad de tomar el poder para hacer de Libia una gran nación.

Fue entonces, en septiembre de 1969, cuando Gaddafi se erige en jefe del Consejo del Comando Revolucionario (CCR) integrado por los oficiales golpistas. Uno de los primeros decretos de este CCR fue otorgarle a su jefe máximo el grado de coronel del ejército libio y eliminar la base aérea estadounidense (Wheelus Field), también la base inglesa y expulsar a 20 mil italianos residentes en el país.

---

generalizada. Libia estuvo regida desde 1959 a 1969 por instituciones y leyes que databan desde hacía un milenio. Pese a la carencia de una orientación ideológica en ese período, Libia, sin embargo, adoptó la economía de libre mercado (El-Kikhia, Mensouri, *Libya's Qaddafi*, University Press of Florida, 1997).

3 "De este modo combatiremos por nuestra gloria, haremos revivir nuestra herencia y vengaremos el honor herido y el derecho usurpado. Sobre ustedes, que han sido testigos de la Guerra Santa de Omar al-Mukhtar por Libia, por el arabismo y el Islam..." (Cooley, John, ob.cit.).

En los inicios del Gobierno no había claridad política. Sólo un año después, en septiembre de 1970, se iban a establecer por vez primera las metas nacionales de la revolución: a) Expulsión de las tropas extranjeras de suelo libio. b) Neutralidad y unidad nacional, unidad árabe y suspensión de todos los partidos políticos[4].

Luego encontramos un punto de inflexión el año 1973 con el famoso discurso de Zwara, con el que se derogan todo tipo de leyes, se establecen los comités populares, se imparten medidas contra los divisionistas y se inicia la Revolución Cultural, entre otros aspectos importantes.

Así se fue formando el perfil del líder de la revolución y adquiriendo su fama, que se acrecentaba cada día por sus decisiones extremas como fue la eliminación de sus enemigos más cercanos. Posteriormente, el gobierno libio entraría en una fase de apoyo a movimientos terroristas en el mundo hasta que fue condenado por las Naciones Unidas. Tiempo después, al enfrentar la realidad de una nueva situación geopolítica mundial, como fue la caída del Muro de Berlín y la desintegración de la Unión Soviética, el Gobierno tuvo que llegar a acuerdos para poder lograr el desbloqueo económico y político y entrar en una nueva fase de negociaciones con los Estados Unidos.

---

4 Vandewalle, Dirk, *Lybia since Independence*, 1998.

UNA MAÑANA DE ARENA

Trípoli es una ciudad portuaria cuya fachada principal se extiende a lo largo del mar Mediterráneo. Al llegar a ella nos impresionan sus destellos de modernidad por su gran autopista al borde del mar y sus edificaciones que incluyen grandes hoteles, centros comerciales, restaurantes, clubes marinos y una larga calle que va paralela a la autopista donde se encuentran la mayoría de los establecimientos comerciales. Esa parte moderna fue construida por los polacos y en las tardes vemos a la gente pasearse por el malecón cuando el clima resulta benigno. En verano, la estación más corta de Libia, no puede salirse a pasear por las calles de ninguna ciudad porque las altas temperaturas, que alcanzan niveles de hasta 48 grados, lo impiden. Esa fachada de modernidad contrasta con la ciudad que se encuentra detrás de esas construcciones realizadas en los últimos años. Una ciudad deteriorada cuyas calles están llenas de huecos y de basura, que resulta sorprendente a la luz del ingreso que recibe el Gobierno por concepto de petróleo, su exportación principal. Si a eso se añade el caos del tráfico en el que no se respetan leyes, podemos imaginar la anarquía que puede verse en las calles de Trípoli. La gente dice que la basura es una manera de protestar contra el régimen porque Gaddafi en cada oportunidad que tiene fustiga a la población de una manera olímpica, evadiendo la responsabilidad que atañe a quienes tienen a su cargo los servicios básicos de la población. Es frecuente ver choques de autos en las calles y a los choferes decirse uno al otro que no ha sido gran cosa y continuar su viaje. Llama la atención el tráfico mayoritario de automóviles de lujo de todo tipo, desde famosas marcas europeas y uno que otro auto estadounidense, todos subsidiados por el Gobierno, aunque hay muchos de ellos que entran de contrabando y el Gobierno se hace el loco porque normalmente estos negocios están en manos de militares retirados.

Las vidrieras de las tiendas se encuentran llenas de productos importados. Libia importa casi todo, principalmente de Italia, Francia, Inglaterra y Alemania. Los transeúntes son ruidosos y escandalosos, pero amables cuando uno los aborda. Las mujeres libias andan en grupo o agarradas de la mano de sus maridos; no se les ve solas. Costumbre que igual practican los hombres. Resulta extraño para los occidentales ver caminando por calles o avenidas a dos hombres agarrados de la mano.

Trípoli es una ciudad iluminada hasta en las noches, sobre todo en su parte moderna, lo que la hace lucir como una gran metrópoli para quienes llegan por primera vez. Cuando llueve sobre la ciudad se forman lagunas que hacen el tráfico insoportable, y cuando la arenilla sopla del desierto, invade la ciudad una suerte de neblina llamada "gibli", que no es más que arena en el aire y que puede durar hasta tres días. En ese momento la gente se exime de salir a la calle, a menos que sea indispensable.

Pese a que en la ciudad vieja muchas de las casas parecieran deterioradas, no distinguimos un rancho por ninguna parte, pero sí se ve la diferencia entre palacetes y casas de gente modesta. No se observan pobres ni mendigos en la calle pidiendo limosna.

En Trípoli se concentra el mayor volúmen de población de Libia, alrededor de más de 2 millones de habitantes de un total de 5 millones y medio. No hay que olvidar que el 95% del territorio libio es desierto.

La bandera en lo más alto del edificio y la placa adosada a

la pared me indican que hemos llegado a la embajada de Venezuela. Es una edificación de varios pisos protegida por una alta pared de genuino estilo árabe. Nuestra embajada es una representación inexistente en el mundo diplomático de Libia. Nadie sabe dónde se encuentra y son escasos los que tienen contacto con ella. Muy pocos funcionarios, incluyendo a diplomáticos, saben siquiera dónde se localiza físicamente. Hace seis años desapareció en el anonimato como un misterio; sólo era conocida por algunos nativos que requerían visa para viajar a nuestro país. La misión venezolana era un grano de arena en el inmenso desierto que es Libia.

La gente me recibe con amabilidad. Me muestran las instalaciones y la secretaria de origen palestino me conduce a mi despacho. Recibo atenciones de todos los empleados: me traen el café, luego una merienda a mitad de la mañana, un funcionario asoma su cabeza cada cierto tiempo para ver si necesito algo. Entiendo que esto debe ser el comportamiento normal del personal de una embajada con su embajador. Ellos me hablan en inglés, pero todos hablan árabe enrte sí. Intuyo que lo exagerado de las atenciones debe estar relacionado con la intención de producirle una buena impresión al nuevo diplomático. Me entrevisto con cada uno de los empleados, exponen sus angustias, sus preocupaciones, sus quejas y aspiraciones. Comienzo a revisar el archivo del año más reciente y empiezo a detectar las primeras curiosidades y rarezas en la misión. Mi secretaria palestina, la señora Hanan, coloca sobre el escritorio el directorio de las embajadas con sus respectivos teléfonos e inicio mis contactos con desconocidos colegas a quienes me presento. Primero llamo al embajador de España para fijar una cita. Sin darme cuenta me he pasado de la hora de la jornada de trabajo. La secretaria se acerca y gentilmente me dice que el horario de trabajo es de 8:00 de la mañana a 3:00 de la tarde. Miro mi reloj, son las 4:30 pm. Pido disculpas, aunque los primeros meses salgo a las 6 de la tarde. Algunos funcionarios me esperan hasta la hora de mi salida.

Al segundo día en Libia recibo una convocatoria formal para presentar mis cartas credenciales, protocolo del gobierno anfitrión que legitima al nuevo diplomático. Según el ministro consejero la rapidez de aquella convocatoria constituye una deferencia del gobierno libio hacia mí, puesto que se trata de un acto que toma varias semanas o hasta meses para celebrarse. Gesto especial que augura buenas relaciones entre los dos países. Yo era el embajador de la revolución venezolana y Gaddafi había dado instrucciones para que se me atendiera a cuerpo de rey. Me comentan desde Protocolo que el propio Gaddafi me recibirá en las próximas horas. Más tarde, una llamada telefónica anuncia que el Líder debió ausentarse de Trípoli y no podrá estar en el acto.

Pocas horas antes de presentar las cartas credenciales ante el canciller libio, Abdel Shalgam, el jefe de protocolo me da instrucciones precisas de cómo entrar a la oficina del canciller, la forma de ubicarme en un extremo de la alfombra de su despacho y la manera de dar los respectivos saludos protocolares antes de pronunciar mi discurso, que elaboré en el avión mientras viajaba hacia Libia. La ceremonia es concurrida y con despliegue de la prensa y la televisión del Estado, las únicas que existen. Al terminar el acto el canciller y yo sostenemos una entrevista. De ella recuerdo un aspecto que me llamó la atención:

—Embajador, bienvenido a la tierra de Omar al-Mukhtar[5], estamos muy contentos con su llegada. Sabemos quién es usted y sé que hará una buena labor por la amistad entre nuestros pueblos. La revolución venezolana nos llama mucho la atención y tiene todo nuestro respaldo. En cuanto a su trabajo, quiero decirle lo siguiente: aquí vienen los embajadores cargados de proyectos, pretenden hacer muchas cosas y terminan haciendo pocas o ningunas. Usted está en un país de costumbres distintas, con un ritmo de trabajo muy particular. Debe tener pacien-

---

5 Héroe militar de la resistencia libia contra los italianos, capturado en 1932 y colgado en la población de Sulug.

cia con nosotros [¡y cómo la tendría!]. Preocúpese usted por hacer en su estadía una sola cosa de las que tenga en mente y siéntase feliz. Por ejemplo, publicar un libro [!].

Quedo desconcertado, pero al mismo tiempo sus palabras servirían para entender lo que vendría después. El acoso de los periodistas de radio, prensa y televisión termina pronto. Luego alguien se acerca misteriosamente para ponérseme a la orden en cualquier circunstancia, en el día y a la hora que sea, y me entrega su tarjeta de presentación. Era el secretario privado de Gaddafi.

—Llámeme a este teléfono si me necesita. Yo mismo lo atenderé –me dice.

Por fortuna tuvo ese gesto, de lo contrario me las habría visto negras, como se verá más adelante.

PONIENDO ORDEN

Al otro día de la presentación de mis cartas credenciales reviso papeles, examino el espacio que me rodea y por primera vez comienzo a sentirme más cómodo. Miro las lámparas de lágrimas que cuelgan del techo, observo los muebles de cuero y siento las alfombras mullidas debajo de mis pies. Alguien toca a la puerta y se asoma para anunciarme que un antiguo empleado de la embajada desea verme. Casi sin darme cuenta, y en fracciones de segundos, tengo al buen hombre de más de setenta años abrazándome y besándome en el pecho. Luce una "taguía" blanca en la cabeza y viste una túnica de igual color sobre unos pantalones abombados que se estrechan hacia los pies. Habla una pésima mezcla de italiano y español ("itañol") que resulta graciosa. Dice que ha venido a verme porque ayer vio en televisión que el nuevo embajador venezolano presentaba sus credenciales. El entusiasmo del hombre es desbordante. Me vuelve a abrazar, se arrodilla ante mí y me besa los pies. Me siento incómodo y apenado. No sé cómo reaccionar, me quedo inmóvil tratando de adivinar su euforia.

—*Señore ambasadore, bien venuto, io sono el anticuo empleado de questa ambasada. ¡Trenta anni! Sono jubilato, ma il gobierno venezolano no me ha dato la mia securezza sociale.*

El hombre mira hacia la puerta entreabierta y baja la voz. Luego camina y la cierra. Con sus ojos enormes me dice que no quiere que lo escuchen, sobre todo el ministro consejero.

Habla sin parar, me hace un gesto con su mano derecha como si alguien se hubiese apropiado de su dinero. Yo no hago más que escucharlo.

—*Señore ambasadore, io vedo que usted es un homo buono, el ministro me ha deto que trae el mio dinero para pagarme* –me dice.

Aquí pierdo la sonrisa, le digo que no es verdad, que apenas acabo de enterarme de su problema por él mismo. Le prometo estudiar su caso y hacer todo lo posible para que le cancelen su deuda, recalco. El hombre insiste en que yo he traído su dinero, asegura que se lo han dicho. Hago llamar al ministro consejero y delante del hombre le repito lo sucedido. El funcionario tartamudea, no sabe qué decir, entiendo la mentira que le ha dicho al pobre hombre probablemente para quitárselo de encima. Esta actitud me hace sospechar del consejero y definirá la pauta de nuestra relación laboral en el futuro. Me quedo solo con el anciano. Parece conocer bien la embajada; dice saberlo todo.

—*Questo signore* –se refiere al ministro consejero, que ya no está presente– *sempre oculta cosas.*

Lo mando callar y obedece.

—Le aseguro que me ocuparé de su caso –le digo.

Meses más tarde procedo a cancelar su deuda y esta vez el encuentro con el antiguo empleado es peor: se arrodilla, me besa los pies de nuevo, sale de mi oficina y me trae té. Me pone a la orden su casa y me dice que fue la antigua sede de la embajada venezolana y que al irse uno de los viejos embajadores se la dejó de regalo (!).

Al menos para esta embajada, el Gobierno carece de políticas y orientaciones claras. La rutina sirve para justificar su existencia. Eso sí, posee una sede diplomática envidiada por otras misiones. El embajador actúa la mayoría de las veces por intuición y cuenta propia. Asume riesgos y consulta materias específicas de su país sin contar con respuestas oportunas. Yo requiero del nuevo canciller, Luis Alfonso Dávila, aspectos específicos de la política internacional de nuestro país, sobre todo al recordar aquella frase de Antrobus, el famoso personaje de

Lawrence Durrell, en sus relatos del mismo nombre: "En la diplomacia (…) cosas muy pequeñas, casi imperceptibles, pueden provocar la propia ruina", y el canciller Dávila responde por teléfono:

—Todo lo puede encontrar usted en el programa *Aló Presidente*.

—El problema es que aquí no se ve ese programa –le respondo sorprendido.

La versión transcrita comienza a llegar todos los miércoles a la embajada, vía internet. A partir de ese momento leo decenas de páginas durante el resto de la semana para enterarme de la política de mi país. El vasto y heterogéneo material se acumula y decido entonces idear una metodología para aprovecharlo. Así comienzo a elaborar un texto que llamo "Diccionario temático de primeros auxilios en la política exterior venezolana". En el discurso del Presidente subrayo lo concerniente a relaciones exteriores, política petrolera, vigencia de decretos, canciones y chistes, etc., y los ubico en el cuaderno-diccionario que he preparado para tal fin. Después de un tiempo desisto de este esfuerzo inútil por lo voluminoso, lo repetitivo, a veces hasta contradictorio y anecdótico, y me aboco a otras obligaciones mucho más gratas.

La misión venezolana inicia operaciones; su embajador contacta a la mayoría de sus colegas, a quienes se presenta y se pone a la orden. Luego, recibe de vuelta sus visitas como retribución al gesto de presentación. Posteriormente lo invitan de manera oficial a recepciones, casi todas las semanas, para celebrar el día nacional de tal o cual país, o para recibir o cenar con el mandatario de tal o cual nación, aparte de todas las invitaciones del líder de la revolución libia con motivo de eventos diversos: recibimiento de presidentes, matrimonio de los hijos, día nacional del país y de África, congresos revolucionarios, solidaridad con países pobres, ferias comerciales, día de la revolución, aniversario del Líder, etc. Quien no se cuide puede parar en alcohólico por la profusión de este tipo de eventos. Está prohibido el alcohol en el país, pero mucha gente lo consume en sus respectivas embajadas. Con excepción de las misiones árabes, en el resto de las misiones está permitido el consumo de bebidas espirituosas. Para ser diplomático hay que tener una vocación especial, sobre todo en lo atinente a lo social. Son demasiadas recepciones (aunque en ellas se trabaje logrando información o enterándose de los chismes del régimen, o haciendo contactos de trabajo), y si bien es cierto que dichas reuniones pueden ser seleccionadas de acuerdo con el interés particular, terminan sin embargo siendo muchas y agotadoras. En ellas se debe estar siempre sonriente como las misses de mi país y ser amable como los hipócritas.

Mi primera invitación como diplomático fue la del embajador español. Se trataba de darme la bienvenida a Libia. Una nutrida representación se hizo presente y departimos e intercambiamos ideas sobre nuestro rol en territorio libio.

El colega español, con la generosidad que iba a tener siempre, me dio algunas claves para entender el país donde me encontraba. El primer día de visita en su residencia me invitó a su despensa. Bajé unas escaleras hacia un sótano y quedé sorprendido por la abundancia de víveres, tabacos, vinos de La Rioja, jamones pata negra, lomos embuchados, conservas de pato, entre otras provisiones. De inmediato le manifesté:

—Embajador, ya sé dónde refugiarme en caso de un nuevo ataque de los americanos contra Libia.

Él soltó su risa particular y me ofreció un habano de los verdaderos.

EL JEFE Y SUS AMAZONAS

Gaddafi sigue siendo una personalidad política interesante. No puede evitarse que en torno a su figura se sigan produciendo historias o tejiendo leyendas que cuenten verdades o medias verdades cuya entropía, al ser trasmitidas, le otorgan un carácter muy particular.

Con estas y otras referencias sobre el personaje, sus peripecias y su revolución, llegó el día de encontrarme con él personalmente. La cita estaba pautada para las 10:00 de la mañana, y ya a las 9:45 am yo entraba a Bab al-Azizia, especie de búnker donde tiene asiento su gobierno central, ubicado en la parte sur de la periferia de la ciudad. Me recibió el jefe de protocolo y me condujo hasta una carpa. Allí esperé sentado frente a un corredor por donde se suponía debía aparecer el líder libio. No sé cuánto demoró en salir Gaddafi, pero unos minutos más tarde lo vi venir con dos de sus mujeres altas y hermosas. La guardia principal del Líder está compuesta por un grupo de féminas, llamadas "amazonas", entrenadas para su custodia. Pertenecer a ese selecto cuerpo de damas requiere de un entrenamiento especial y someterse a pruebas extraordinarias. Existe una escuela especial para su formación. No pueden estar casadas y deben renunciar a cuanto tienen. Son seres privilegiados porque llegan a gozar de prerrogativas, sobre todo económicas, que ningún otro funcionario del alto gobierno detenta.

La primera vez que vi a Gaddafi caminaba apoyándose en

un bastón. La versión oficial lo atribuye a una caída sufrida desde un caballo, no de un camello, la cual le ocasionó una fractura en fémur. Pero, extraoficialmente, se sabe que fue debido a una herida de bala, producto de un atentado en la frontera con Egipto.

Gaddafi venía vestido de túnica amarilla con la elegancia de un príncipe. Portaba su taguía brillante sobre la cabeza. Me levanté para recibirlo y le estreché la mano. Lucía un hombre alto e imponente, con el rostro algo maltratado por las arrugas de la frente y algunas alrededor de sus ojos encapotados. Dejó escapar una leve sonrisa. Observé su pelo encrespado color caoba que le rozaba las orejas; me di cuenta de que se lo pintaba. Me hizo un ademán para que me sentara y comenzó a hablarme en árabe con traducción simultánea al inglés. Me dio la bienvenida asegurándome que su gobierno se encargaría de que yo la pasara bien mientras durara mi estadía en Libia. Hizo elogios a la revolución venezolana, en especial a su presidente. Mientras hablaba, yo observaba discretamente los bordados dorados de su túnica amarilla y el anillo de piedras preciosas que tenía en una de sus manos. Su boca lucía un bigotito casi imperceptible que le cubría el borde superior del labio, como si estuviera formado por minúsculas partículas de un vello nacido casi de milagro. Al lado izquierdo de la nariz, pero no sobre ella, destacaba una pequeña verruga. Un fotógrafo y un camarógrafo registraban el encuentro que saldría en la noche por televisión y al otro día en los medios impresos. Manifestó su deseo de una nueva visita del presidente venezolano para firmar acuerdos de cooperación político-económicos, a definir entre ambas cancillerías.

—Siéntase bien, está en su casa —me dijo—. Se levantó, me estreché la mano, volvió a sonreír cortésmente y se internó por el mismo pasillo por donde había venido.

Volví a ver a Gaddafi una decena de veces, en celebraciones, en el Congreso de la Revolución, en cenas y en recibimientos de mandatarios. En cada oportunidad vestía impecable con su atuendo árabe. Sólo una vez, durante un congreso, lo vi vestido a la occidental, de flux blanco, camisa verde sin corbata y con la cabeza descubierta mostrando su pelo rebelde. Siempre era parco en el hablar si se trataba de reuniones de trabajo pequeñas e informales. En cambio, al realizar actos públicos, se convertía en un líder carismático y sus largas peroratas duraban horas.

SOBRE LAS CENIZAS

El mes de noviembre se abre camino entre dificultades heredadas de la pasada administración (me disgusta caer en lo que dicen todos cuando asumen una responsabilidad, gobiernos en general, ministros, diputados, etc., pero en este caso era verdad). En la cancillería de mi país me habían adelantado detalles del estado de la misión y ya sabía a qué atenerme. Se han quedado cortos en el balance administrativo. Por otra parte, la oficina del embajador es exageradamente amplia y lujosa. Jamás había tenido un despacho similar: muebles españoles, alfombras iraníes y mármol italiano en el piso y en algunas paredes. El ministro consejero me explica: todo se ha debido a la quema de la embajada en los años noventa por órdenes del alto gobierno libio. Fue el momento en que nuestro país apoyó en las Naciones Unidas el bloqueo contra Libia por terrorismo internacional. Luego del siniestro el propio líder de la revolución autorizó al embajador venezolano de turno para adquirir el nuevo mobiliario con el fin de resarcir los daños ocasionados por los destrozos del incendio. El embajador venezolano de aquel entonces por poco pierde la vida. Un empleado lo sacó por la parte trasera del edificio (eso me ha contado el empleado más viejo de la misión). Me dicen que se trata de un antiguo trabajador de la embajada que ya vino a visitarme. Se comentaba que antes del incendio ya el cuerpo de bomberos esperaba a la multitud enardecida, azuzada por el propio Gobierno. Hoy no hay nada que temer, según afirman. La amistad entre el líder de la revolución libia y el líder de la revolución bolivariana garantizan mi desempeño en el país árabe.

Los oficiales y empleados de la embajada son personajes de novela. El más pequeño de todos, el que cubre las ausencias del embajador, pareciera estar siempre predispuesto contra el personal: habla y oculta; indispone y ataca; miente y se protege; ríe y llora; la mala intención es una mascota que acaricia. Es un ser humano –a tenor de las opiniones del personal– que si tuviera oportunidad de ser juzgado por los empleados de la embajada, estos no dudarían en condenarlo en las primeras de cambio. Es motivo de las quejas de todos y fue la primera evidencia ante mis ojos. Los empleados son personas desguarnecidas. Trabajan desde hace años en la institución y jamás han disfrutado de la seguridad social respectiva, no poseen contratos firmados, nunca han tomado vacaciones y ganan salarios de miseria. Pertenecen y no pertenecen a la embajada. Esta es una misión diplomática que funciona con una carga de ilegalidad desconcertante. Del bienestar del personal es de lo primero que decido ocuparme.

Descanso de una dura jornada cuando llega el administrador desde Caracas. El señor Izarra, un hombre de baja estatura con cara de árabe, ha sido enviado para reforzar nuestra embajada por mi propia iniciativa. Desde mi llegada a este país no he hecho sino sacar y cuadrar cuentas. Ahora dispongo de más tiempo para ocuparme de los asuntos propios de un embajador.

Me he enterado por el recién llegado que la situación en el Ministerio de Relaciones Exteriores marcha de mal en peor. La sustitución de los directores generales por militares y los encontronazos con la gente de carrera diplomática se han convertido en aspectos que se tornan cada vez más álgidos. Se desprecia a los funcionarios de carrera. Uno de los nuevos directores del ministerio ha llegado el primer día y su carta de presentación ha sido una bomba frente a todos sus subalternos al manifestar en su primera reunión de trabajo que no le gustan los homosexuales. Según se comenta, esto ha generado malestar en el despacho.

Conjuntamente con Claudia, mi secretaria venezolana, comienzo a revisar el expediente de cada uno de los empleados con el propósito de mejorar su condición social y recuperar su dignidad como funcionarios de la embajada. Además de la precaria condición social de dichos empleados, surgen otros absurdos. La cuenta bancaria de la embajada está registrada en Túnez y no en Libia. Desde hace muchos años el embajador, o un funcionario encargado de suplir sus ausencias, debe viajar a esa ciudad para retirar cada mes el dinero enviado por el Ministerio de Relaciones Exteriores venezolano para poder cancelar la nómina y ejecutar el resto del presupuesto. Estudio esta anomalía y los colegas me explican lo complejo que es el sistema bancario libio y los controles monetarios existentes. Hablo con autoridades libias y me remiten al gerente del Banco Central, sin conseguir una solución adecuada. Es imposible mantener una cuenta en dólares. Ellos lo convierten en dinares y la cantidad se termina reduciendo a la mitad, con lo que ya el menguado presupuesto de la embajada se transforma en una miseria. Pero no es sólo el tipo de cambio lo que complica la situación. El proceso para abrir la cuenta es engorroso por la cantidad de trámites, condiciones que cumplir y comisiones que pagar por cada retiro realizado. Algunas misiones tienen sus cuentas aquí, pero la mayoría se encuentra en bancos extranjeros. Me propongo arreglar la situación, pero por lo pronto debo viajar a Túnez para estampar mi firma en el banco como cuentadante de la misión venezolana.

Me llama la atención la afluencia de personas enfermas en Libia que viajaban a esa ciudad. Pese al complejo clínico ubicado cerca del aeropuerto y algunos hospitales decentes, la mayoría de la gente no confía en el sistema de salud libio y prefiere tratarse en otra parte. Siempre me hablaron mal de este sistema, y cuando visité uno de esos centros pude constatar lo que la gente me decía. Por eso, cuando tuve que operarme, aunque se trataba de una cirugía menor, no lo pensé dos veces y solicité permiso para trasladarme a Venezuela.

Por recomendación del ministro consejero llegué a un modesto hotel de Túnez en una de las principales avenidas de la ciudad. Me recibió en el aeropuerto un funcionario de nuestra embajada destacado en ese país, supuestamente para atender a quienes llegaran desde Libia en funciones diplomáticas. Durante años y hasta poco después de mi llegada devengó un sueldo de nuestra embajada. Me parece un absurdo mantener a un funcionario en esa ciudad cuando la única actividad de ese empleado era ocasional. Ahora reclamaba una serie de derechos, entre ellos unas prestaciones demasiado altas.

—Necesito que me resuelva ese problema, señor embajador. Me han tenido engañado los últimos embajadores. No quieren pagarme. Espero que usted sí lo haga.

Yo le prometo indagar su condición en el ministerio, pero no le aseguro nada. Por él me entero de algunos aspectos oscuros y puedo atar cabos para descubrir ciertas irregularidades en la misión.

Regreso a Trípoli y uno de los empleados del servicio de la embajada, un ghanés, anda preocupado por su seguridad. Me solicita permiso para marcharse antes de que anochezca.

—Hace un mes, señor embajador, previo a su llegada —me dice—, se presentó un grave problema con nosotros los africanos. El Líder, en uno de sus discursos, invitó a los pobres de la región a trabajar en Libia porque su país era un país casi despoblado y de muchas oportunidades. Les dijo que gozarían de los mismos derechos que los nativos, que no necesitarían visa para entrar al país. Y hasta podrían compartir la vivienda con los libios que tuvieran suficiente espacio en sus casas para alojarlos. Se produjo una avalancha de inmigrantes y la violencia se instaló en este país, señor embajador. Tanto así que ha habido casos de asesinatos de libios por inmigrantes al negarse a recibir a extranjeros en sus casas. Por esa razón se ha desatado la violencia contra nosotros y muchos de los nuestros han sido asesinados.

A la gente de mi color –agregó– que ven por la calle la matan
o la cuelgan. El Líder ha echado para atrás la medida y los ha
devuelto a sus países de origen. Pero todavía existe mucho peligro contra nosotros, sobre todo por las noches; por eso quiero
llegar temprano a casa.

RAMADÁN

Es noviembre, ha comenzado el ramadán en Libia. Su inicio lo determinan unos observadores designados por los organismos religiosos que deben estar pendientes –desde el lugar más alto de la ciudad– de los primeros destellos luminosos del cuarto creciente de la luna para que al día siguiente comience la gran fiesta religiosa que dura un mes, el noveno del año lunar. Esa noche se fija el curso de los acontecimientos del año que se inicia hasta el próximo ramadán. La celebración no siempre se hace en la misma fecha y ni siquiera en el mismo mes debido a que el calendario musulmán tiene como base un tiempo que va de una luna nueva a la siguiente, equivalente a los veintinueve días y medio que tarda la luna en darle la vuelta a la Tierra y que se conoce como mes lunar. Es decir, el ramadán sigue el calendario lunar y se desplaza año tras año a través de las diferentes estaciones. La época más agobiante para celebrarlo es durante el verano por las altas temperaturas.

Su celebración consiste en que todos los que han alcanzado la pubertad deben ayunar durante esos días. Además, tienen que abstenerse de fumar, de beber y de usar perfumes desde el amanecer hasta la puesta del sol, con las únicas excepciones de los enfermos, los viajeros, los niños y las mujeres embarazadas. También se prohíbe tener relaciones sexuales durante los mencionados días. Todas estas limitaciones cesan al caer la noche y comienza la celebración con grandes fiestas. El pueblo libio entra entonces en una especie de frenesí y locura. La gente se visita y se hace regalos, se preparan comidas extraordinarias, los niños cantan, se adornan las calles, los que han dejado de hacer el amor lo reanudan (en privado, por supuesto) y el tráfico se vuelve un caos y un peligro. Los jóvenes conducen a gran velocidad y son frecuentes los accidentes graves. En las dos oportunidades que me tocó vivir el ramadán observé la gran celebración y vi choques aparatosos de vehículos. Toda esta euforia dura una treintena de días.

Otro aspecto importante de esta festividad es la celebración del último viernes del ramadán. La población acude en masa a la mezquita para despedir el mes de ayuno. Algunos días ayuné; eso fue durante un viaje a Sabratha con el chofer marroquí. Me parecía una falta de solidaridad e indelicadeza comer mientras él mantenía su ayuno.

Cuando el ramadán termina, la alegría y el entusiasmo reinan en el pueblo porque los musulmanes se sienten orgullosos de haber culminado la penitencia del ayuno. Dan gracias a Alá a través de oraciones por la superación de tan dura prueba. Se felicitan, intercambian regalos, visten sus mejores atuendos, se van a la mezquita y después de las oraciones se vuelcan de nuevo hacia las calles y dan limosna a los pobres.

En el último mes del calendario lunar también se celebra una fiesta que suele durar tres días. Es la fiesta en la que se sacrifica un carnero, una vaca o un camello, dependiendo de la región. En Libia sacrifican un carnero y se quedan con un tercio del animal mientras el resto lo reparten entre la gente pobre.

Tuve la oportunidad de ser invitado a la finca de un amigo profesor y vivir la experiencia de ese sacrificio. Este ritual coincide con el final de la peregrinación a La Meca. La aspiración de todo musulmán es hacerla, al menos, una vez en su vida.

Estas actividades no son fáciles de asimilar en las primeras de cambio, pero los extraños debemos adaptarnos a las costumbres del país anfitrión y respetarlas. Me sorprende en este mi primer mes de diciembre en Libia el regalo enviado por Gaddafi a las embajadas. Han tocado a la puerta de la residencia y el portero se aparece con varios paquetes llenos de cosas. En uno de ellos observo unas hermosas naranjas. Otro envoltorio contiene siete cajas de dátiles, al parecer escogidos por su tamaño, y un recipiente lleno de miel. Todos son productos de su finca. Finalmente, abro un tubo de cartón y veo una alfombra tipo kilim, pero de auténtica cerda libia. Me comunico con el embajador español; me dice que él ha recibido algo similar pero sin la alfombra. Me gasta bromas por la deferencia de Gaddafi con el embajador de Venezuela. Yo le contesto: "Usted no tiene revolución".

EL HOMBRE VENCIDO

La residencia donde me ha tocado vivir parece una casa de fantasmas. Es un espacio lúgubre, amplio y descuidado. Sus cuatro pisos están llenos de trastos, incluyendo un sótano donde se encuentran muebles viejos de los años cincuenta. El deterioro es evidente, y la desidia de los que allí han habitado, mucho más. Es un inmueble costoso. El Gobierno paga cinco mil dólares mensuales de alquiler, lo cual me parece un escándalo. He pensado en mudarme a una casa más modesta, más práctica y así poderle ahorrar a la misión unos cuantos miles de dólares. Increpo al ministro consejero sobre el estado de la casa; me responde que desde hace cinco años no asignan presupuesto para el mobiliario. Critico su falta de voluntad para tratar de conseguir algo más modesto; me responde que es muy difícil encontrar una vivienda adecuada por un precio menor al de la residencia actual. Nada de esto me lo creo. Desde ese preciso instante me pongo tras la pista de una casa más funcional y económica. A los pocos días la consigo por la mitad de precio. Al informárselo me responde con un gesto de incredulidad, gesto que se repetirá a lo largo de su estadía por cada cosa que le demuestro puede hacerse. Desempolvo los muebles viejos del sótano, me encuentro con joyas de los años cincuenta abandonadas a la humedad. Escojo los que se ven en mejor estado y los hago reparar. Al poco tiempo cuento con un mobiliario envidiado por las demás misiones. He recuperado un activo del Estado a punto de perderse. De nuevo aparece el gesto de incredulidad del funcionario.

Días más tarde el ministro consejero entra a mi oficina y pide hablar conmigo. Se siente indispuesto porque desde hace meses no rinde en el trabajo como debería; todo le sale mal. Aduce que parte de su malestar se relaciona con los cinco años de estadía viviendo solo en Libia. "Es demasiado tiempo para un destino como este", me dice. Manifiesta sentir vergüenza conmigo y me solicita un descanso de varios días.

—Lo siento, embajador, pero estoy mal de la cabeza. Me da mucha pena con usted… Necesito verme con un especialista… No entiendo lo que me pasa —me dice afligido.

Lo veo agobiado, con un cansancio que se refleja en su rostro. Ahora se le aguan los ojos. Trato de calmarlo, le pido que se siente. Aún no me ha consignado el acta de entrega que todo funcionario saliente (él estuvo encargado de la embajada antes de mi llegada) debe suministrar al embajador recién llegado, una suerte de balance laboral y financiero a ser aprobado o desaprobado por el nuevo diplomático. Tiene un retraso de cinco meses porque, según manifiesta, no le cuadran las cuentas. Percibo en sus actuaciones que es poseedor de un desorden mental conmovedor.

—Ministro –le digo–, no soy quién para extenderle un permiso por razones de salud a menos que lo vea un especialista, o que usted declare su incapacidad para asumir el trabajo en la misión.

Para mi asombro, al día siguiente se aparece con una carta donde declara dicha incapacidad. Le pregunto si está seguro de lo que está haciendo y me lo confirma con un movimiento repetitivo de la cabeza. Esto me permite tramitarle el permiso y esperar la orden de traslado, que llegará días más tarde.

El ministro consejero se marcha de la misión golpeado moralmente. Al revisar su escritorio y parte del archivo destinado a su cuidado me sorprende el caos de su trabajo; entiendo de inmediato su grave malestar. En la embajada se inicia un período de calma y de distensión entre los empleados. A partir de ese momento comienzo a aclarar ciertas irregularidades porque empiezan a aparecer papeles, combinaciones de cajas fuertes que nunca se abrieron, documentos y llaves extraviadas en rincones secretos.

LA VISITA DE FIDEL

Todavía hace frío en Libia en este mes de mayo. Hay movimiento en el mundo diplomático por la llegada de Fidel Castro. Como siempre, Protocolo avisa con pocas horas de anticipación y destruye la programación de los embajadores. Debemos estar a las diez de la mañana en Mitiga, el aeropuerto militar de Libia, luego en la noche se nos ha invitado a una cena con el gran caudillo de la isla caribeña. El procedimiento en estos casos es el mismo: debemos llegar al Hotel al-Mahari –un lujoso hotel expropiado en donde se concentran todas las operaciones de recibimientos de delegaciones extranjeras, realización de congresos, actos especiales, etc.– y allí nos recoge un autobús ejecutivo para conducirnos al aeropuerto. Otras veces vamos directamente, pero hasta última hora no se sabe. Nos quejamos ante tanta improvisación, los responsables alegan como excusa estrictas medidas de seguridad. Todos los embajadores acudimos temprano a la cita fijada por el Gobierno. Sin embargo, debemos esperar horas y horas para que vengan por nosotros. Cuando el retraso es de una hora o de dos horas, nos sentimos contentos y bromeamos entre los embajadores. El récord nos lo hemos llevado con la invitación a una cena fuera de Trípoli, cuando tuvimos que esperar desde las siete de la noche hasta las tres de la madrugada. Claro, se trataba de Gaddafi. Esa vez aguantamos hambre y frío. En todo caso hay siempre cualquier excusa con tal de calmar a la diplomacia. La informalidad campea en las actividades de protocolo que algunas veces denominamos "protoloco". Las cenas siempre terminan a altas horas de la noche y debemos regresar al hotel donde nos esperan los choferes adormilados dentro de los automóviles para llevarnos a las respectivas residencias.

Estamos en el aeropuerto militar de Mitiga esperando el avión en el que viene Fidel Castro. El ejército libio se halla en formación perfecta, los embajadores nos encontramos a ambos lados de una larga alfombra roja por donde caminará el caudillo cubano. Estoy junto al embajador argentino, que me hace algunos comentarios del reciente incidente de su homólogo en Cuba con el gobierno de ese país que casi provoca una ruptura de relaciones. La nave de Cubana de Aviación aterriza con estruendo latinoamericano. Al comandante lo recibe el general Alkarubi, el segundo a bordo de la revolución libia, uno de los dos militares de la asonada que los llevó al poder mientras Gaddafi espera como un rey en una pequeña tienda que lo protege del sol. Las salvas de cañón explotan cuando el jefe del Estado cubano desciende por las escalerillas de su avión. El despliegue de la seguridad cubana se hace presente. Hombres vestidos de negro portando maletines en donde seguramente traen sus armas y equipos para prevenir cualquier tipo de atentado (se habla de más de 200 atentados contra Fidel). Lucen un peinado al estilo de los marines estadounidenses.

A un lado de la alfombra, y distante de nosotros, se ha congregado una muchedumbre compuesta en su mayoría por mujeres que chillan con escándalo ensordecedor (es un grito particular de júbilo de las mujeres libias), como si fueran pieles rojas del cine estadounidense. Fidel, con su impecable uniforme verde oliva, levanta su brazo enclenque y saluda al pueblo congregado en la pista. Se acerca a Gaddafi, le estrecha la mano, luego lo abraza fugazmente. Inicia su caminata por la alfombra roja y va estrechando la mano de cada uno de los representantes de las misiones diplomáticas. El jefe de protocolo marcha a su lado, le va presentando a los distintos embajadores. Es una operación de rutina que se lleva escasos segundos. Lo veo acercarse, recuerdo su joven figura de guerrillero en la Sierra Maestra, su entrada triunfal a La Habana y, mucho antes, en los primeros días de la revolución, junto al Che Guevara desembarcando en las costas de la isla en la pequeña embarcación Granma (siempre me pareció sorprendente el número de rebeldes que salió de México en tan pequeña nave, sobre todo al verla en Cuba. No sé si todavía está encerrada en paredes de vidrio o de plástico, en una plaza pública de La Habana. Es el símbolo de una lucha que apoyó tanta gente en América Latina y el mundo) y luego huyendo entre los cañaverales con los pocos sobrevivientes de aquella aventura y, finalmente, lo recuerdo llegando a la Sierra Maestra. Ahora, la vieja leyenda camina en suelo libio. Estrecha la mano de los distintos diplomáticos, está más cerca, aguzo mi atención, miro su barba rala, observo su estatura de gigantón, sus ojos hundidos y su piel estropeada por las arrugas. Extiende su mano y el jefe de protocolo le susurra al oído:

—Este es el embajador de la República Argentina.

Fidel lo mira. Por momentos pareciera querer decirle algo, pero se inhibe y continúa su caminata.

—Este es el embajador de Venezuela —me presentan—.

Le estrecho la mano. Su rostro se distiende y se vuelve alegre. Pronuncia unas palabras iniciales donde manifiesta su alegría de conocerme. Las cámaras de televisión se agolpan alrededor de nosotros. Se ha presentado una ruptura del protocolo porque Fidel se detiene para hablar conmigo más de la cuenta. No me suelta la mano, me dice que viene de Rusia.

—¡Por allá andaba Chávez, pero no lo pude ver, estábamos muy lejos, me hubiera gustado conversar con él!

Miro su uniforme verde oliva brillante, su especie de kepis, pero sobre todo su rostro, con una sonrisa que esgrime con esfuerzo; pareciera tener dificultades con su dentadura. Actúa como si tratara de acomodársela en cada frase que pronuncia. Fidel se despide deseándome buena suerte y continúa estrechando manos diplomáticas. Lo veo alejarse con pasos dubitativos y pienso que a todo caudillo le llega su final. ¿Pero cuántos años faltarán para eso?, me pregunto. En ese instante me viene un recuerdo de París. Años atrás vi un documental en el que se le preguntaba a la gente del pueblo cubano qué haría cuando muriera Fidel. Se quedaban perplejos, inmóviles, sorprendidos ante la pregunta. Varios respondieron que por qué se tenía que morir, pero otros decían al rompe:

—¡No, Fidel no se va a morir nunca!

Los más politizados argumentaban que no habría problemas, pues la revolución era una revolución consolidada, cualquiera podría sustituirlo y etc, etc.

Al terminar los actos del aeropuerto me dirigí al embajador argentino para corroborar si era falsa mi impresión cuando Fidel estuvo frente a él. No me dejó terminar, me dijo que él sintió lo mismo.

—Pensé que iba a decirme algo con relación al incidente diplomático con nuestro embajador en Cuba –comentó–.

Al siguiente día la televisión y la prensa daban cuenta de cómo Fidel había roto el protocolo para conversar conmigo. Los embajadores me gastaban bromas por haber "ganado tanta indulgencia con escapulario ajeno" por mi profusa aparición en los periódicos con el propio Fidel.

La cena con el Comandante Castro fue en el búnker de Gaddafi. El Líder llevó a su colega a la antigua casa de residencia (*tour* obligado para los jefes de Estado y personalidades invitadas a Libia), ya abandonada debido al bombardeo de los estadounidenses en abril de 1986. Fragmentos de la bomba podían verse dentro de la casa y las paredes agujereadas por los disparos desde los aviones. Así quedó tal como se la ve hoy. Constituye un símbolo de la agresión por parte de los Estados Unidos y Gaddafi no pierde oportunidad para mostrarla. Mandatario que pasaba por Trípoli llegaba allí como parte del recorrido político-turístico.

Estaban todas las representaciones diplomáticas en la cena.

Por mera casualidad, el embajador español y yo quedamos a escasos metros de Castro y Gaddafi. Los teníamos en frente y pudimos observar todo cuanto acontecía en su mesa. Fue una cena opípara. Cuando todos habíamos terminado, todavía Fidel seguía comiendo; parecía tener meses sin probar alimento. Le hice un comentario a mi colega español:

—Embajador, definitivamente la situación económica en Cuba no debe andar muy bien.

Él sonrió con mucha discreción.

LOS PRÍNCIPES DEL DESIERTO

Libia se me parecía mucho a la Venezuela de comienzos del siglo XX en su explotación petrolera, una actividad que terminó cambiando su economía de subsistencia en los albores de ese siglo. El Estado se vio de pronto con una riqueza súbita. Comenzó un proceso de importación masiva y en especial de bienes y servicios provenientes, en el caso libio, sobre todo de los italianos, quienes habían colonizado Libia[6]. El dinero fluye en abundancia, las carreteras son asfaltadas en un territorio casi despoblado. El 95% es desierto y apenas un 5% lo constituye la franja costera con más vegetación. Allí se concentra la población de al menos cuatro millones de personas de un total de cinco. La explotación petrolera es de reciente data (mediados de los años cincuenta) y, antes de su aparición, el país vivía en lo fundamental, de la exportación de chatarra bélica de la II Guerra Mundial abandonada en el desierto por los ingleses y franceses durante el conflicto. Libia producía dátiles, aceite de oliva, nueces, cítricos, textiles, artesanía y otras mercaderías para la exportación, pero no en gran escala.

La mayoría ejerce la actividad comercial. Posee tiendas o pequeños negocios de productos importados, legales o de contrabando. La renta petrolera ha sido tan abundante como para que Gaddafi se haya dado el lujo de construir un acueducto

---

6 Italia ocupó Tripolitania y Cirenaica después de la Guerra Italo-Turca en 1911-1912.

("The Great Man-Made River")[7] de más de cuatro mil kilómetros para traer agua fósil desde el desierto a la ciudad de Trípoli, solucionando así la escasez del precioso líquido en la ciudad. Aunque el agua se acabará como el petróleo, al menos por ahora satisface a vastos sectores de la población.

Existe sin embargo una característica peculiar, escasa en este tipo de regímenes: sus ministros y presidentes de las grandes compañías son hombres capaces y experimentados. Pese a la expulsión de las compañías petroleras estadounidenses, para el momento de la nacionalización petrolera en los años 70, Gaddafi jamás alteró la forma de manejar la industria. Tenía muy clara su eficiencia y sabía que para mantenerla con alto rendimiento productivo debía continuar con el modus operandi norteamericano.

Las inversiones en Libia son por lo general de compañías gringas o transnacionales europeas. La permanencia de las mismas, pese a las leyes existentes que delinean un marco de reglas para saber a qué atenerse, depende de la voluntad del gobernante. Muchas han quebrado o han tenido que abandonar el país porque el Gobierno decide un buen día que son contrarias al interés nacional o lanza un decreto que las saca del mercado. Nunca se sabe qué va a pasar. Pero hay tanto dinero que las compañías asumen el riesgo de iniciar operaciones porque los beneficios superarán con creces el capital invertido en caso de que tengan que marcharse de Libia.

Gaddafi condenó a Al-Qaeda. Ya la había combatido en tiempos pretéritos cuando Bin Laden reclutaba jóvenes libios para su causa. La destruyó en su propio terreno y terminó expulsando a sus miembros de territorio libio. Gaddafi tenía muy

---

7 Llamado por el gobierno libio la Octava Maravilla del Mundo, es un acueducto de cuatro metros de diámetro que cubre una distancia de 4.000 km de tubos subterráneos de hierro y concreto con un costo superior a los 27 millardos de dólares de 1993, fecha para la cual se culminaba la primera etapa. Este proyecto lleva agua fósil desde el desierto hasta Trípoli. Y se calcula que ofrecerá este tipo de agua durante 350 años (Manssour, 1997).

claro que para abrirse paso en la comunidad internacional, recibir sus beneficios, explotar las nuevas cuencas petrolíferas y
modernizar el país, tenía que dar muestras contundentes del
abandono de sus viejas prácticas políticas y terroristas. Lo hizo
de la mejor forma. El "imperio" lo protegió perdonándolo y logró que la propia ONU le otorgara, sin que analista alguno
pudiera haberlo imaginado, un reconocimiento por la defensa
de los derechos humanos (!). Así, legitimado en la comunidad
internacional, comenzaba una nueva era para Libia. Por su parte, Estados Unidos lograba neutralizar un foco de perturbación
mediterránea e internacional y así podría concentrar sus esfuerzos en otros frentes de combate como los de Afganistán e Irak.

Gaddafi es un hombre camaleón; puede cambiar de color
de acuerdo con sus conveniencias. Es un tipo culto y astuto.
Tiene dominio de la geopolítica mundial, conoce muy bien a
sus adversarios y aliados. Supo siempre que la manera de salir
adelante era buscando una alianza con las grandes potencias, y
así lo ha hecho con los Estados Unidos. Mantiene un liderazgo
en África y pretende extender su radio de influencia. Alguna
vez lo intentó con el mundo árabe y no pudo. Pese a tener un
mismo idioma, los países árabes son tan diferentes entre sí, y
sus grados de desarrollo político y económico son tan disími-
les, que resultó más fácil volcarse hacia el continente africano,
donde una buena parte de los países no petroleros tenían un
rasgo en común: la pobreza, resultando más fácil manipularlos
a través de la renta y su dependencia de Libia.

En Libia se ha vuelto una costumbre enfrentar cada año el
rumor de una supuesta enfermedad grave del Líder, creándose
así una incertidumbre en la población, en la familia de Gaddafi
(sobre todo en los hijos que aspiran a la sucesión) y en diversos sectores del cuerpo diplomático. Al parecer se trata de una
estrategia para observar la reacción en los diferentes sectores
y, muy especialmente, el sector militar. Una vez consolidado
el rumor sobre la salud precaria del Líder, aparece entonces
Gaddafi como un roble y pronuncia un discurso memorable de

largas e infatigables horas. De esta manera la mitología sobre el personaje se fortalece y se expande por las arenas del desierto. Quienes pensaban en un cambio de gobierno se quedan esperando una nueva oportunidad. Estos eventos, así como el que me fue referido sobre la negativa de Gaddafi de regresar a Trípoli en el mismo avión que lo había llevado al desierto, y que luego explotó en el aire, refuerzan la leyenda sobre el controvertido personaje.

—¿Quién controla el poder en Libia? —me pregunta un diplomático amigo.

Yo doy una respuesta aparentemente lógica:

—Gaddafi y su familia.

—Eso es parcialmente cierto —me dice—, pues el verdadero poder se encuentra en las tribus libias.

EL PODER DE LAS TRIBUS

La complejidad del mundo político y social de Libia pasa por entender el papel que han jugado las tribus en ese país y en las diversas regiones (Tripolitania, Cirenaica y el Fezzan), la primera en el occidente, la segunda en el oriente y la última hacia el sur. En la Gran Yamahiriya Árabe Libia Popular y Socialista (nombre oficial del país desde el año 1977) existen alrededor de 140 tribus, de las cuales unas treinta operan con base cierta en el territorio de más de 1 millón 800 mil kilómetros cuadrados, aunque se ubican mayormente en la franja costera que va desde la frontera tunecina hasta la egipcia, a lo largo de unos 1.750 kilómetros. Sin embargo, apenas cinco tribus constituyen el poder real sobre el que se basa Gaddafi para legitimarse en el poder. Cualquier decisión a ser tomada desde el Gobierno debe ser consultada con los jefes de tribus para no crear inconvenientes en el proceso de la toma de decisiones. Gaddafi pertenece a una de las más pequeñas (Gaddafa), pero quizás sea una de las más poderosas e influyentes porque el Líder, a través del tiempo, ha venido no sólo fortaleciéndola por medio de la distribución de la renta petrolera y los privilegios políticos que le otorga, sino también porque durante años ha venido estableciendo alianzas con otras tribus importantes del país.

La tribu más poderosa es la Zuwaya, la más grande de todas. Está asentada en Cirenaica, región que históricamente ha sido hostil a Gaddafi, con una oposición que ha venido creciendo de manera caótica y anárquica dada su composición heterogénea de líderes religiosos, militares e intelectuales. La ciudad más importante de esa región es Bengasi. Por esa provincia sale alrededor del 65% del petróleo que se produce en Libia (el 90% lo produce la cuenca de Sirte, en el centro). En esta tienen asiento cinco de las seis refinerías que existen en el país.

Hay dos hechos que han impedido que las dos regiones más grandes del territorio libio no hayan podido integrarse ni geográfica ni políticamente. Las separa un desierto de por medio y el Golfo de Sidra. Quizás históricamente la gente de Cirenaica no le perdone a Gaddafi que su rey Idriss haya sido depuesto por un golpe de Estado. El rey Idriss fue una personalidad muy importante procedente de una hermandad religiosa heredada de su padre, los Sanussi. Fue un guerrero que luchó contra la invasión italiana y echó a los italianos de Libia para luego regresar, después de la II Guerra Mundial, por un convenio de la comunidad internacional, como rey. La verdad es que para el momento del golpe (1° de septiembre de 1969) Libia gozaba de una monarquía parlamentaria, tenía su Constitución y el país se encontraba en un proceso de integración que se interrumpió con dicho golpe.

La tribu de Warfalla se encuentra en el occidente, en Tripolitania. Es importante en número de miembros porque supera el millón de personas. En el sur, en el Fezzan, se encuentran las otras tres tribus influyentes: la Magariha (la 2da. más grande), la Gaddafa (la más pequeña y más hacia el norte) y los tuaregs o beréberes, entrenados para atacar las estructuras petroleras en caso de conflicto con otras regiones. Todas las tribus importantes están dispersas en las grandes ciudades. Es decir, una misma tribu puede estar en varias partes aunque su origen y centro tenga una ubicación particular. No hay decisión política y económica que Gaddafi tome sin consultarla con los jefes de tribus. Por eso el Líder ha establecido relaciones con varias de ellas y ha tratado en todo momento de ganar nuevos aliados otorgando cargos políticos y favoreciendo a muchos de sus miembros económicamente.

Cirenaica es la parte del oriente que tiene más influencia del mundo islámico oriental. En cambio, Tripolitania está más influenciada por el islamismo occidental. Cualquier conflicto con Gaddafi pasa por entender las diferencias anotadas entre estas dos grandes regiones: Tripolitania y Cirenaica.

Sin embargo, la estructura formal del Gobierno está formada de varios niveles: el primero de ellos es el Congreso General del Pueblo, una suerte de parlamento. Está compuesto por representantes municipales que integran los congresos populares del municipio. El Comité Popular General equivale al poder Ejecutivo. Lo integran los respectivos comités ejecutivos de los distintos comités populares[8]. El Secretario del Congreso General del Pueblo es como si fuese el presidente de la Asamblea Nacional. El Secretario del Comité Popular General es el equivalente a un primer ministro. El Comité Revolucionario del Movimiento equivale al partido de gobierno; es su brazo derecho. Es tan poderoso que tiene atribuciones de "censura revolucionaria" para todas las instancias anteriores. Propone candidatos a los distintos cargos, ejerce un control para que todos pertenezcan a él. Su jefe máximo es Muammar Gaddafi. Un coordinador general se encarga de activar la cooperación económica y política. Finalmente, existe una Coordinadora de Relaciones Internacionales compuesta por los distintos comités revolucionarios del movimiento.

---

8 Dentro de los comités populares existen más de una treintena de unidades administrativas denominadas "subillats" que están estratégicamente divididas para controlar las acciones por municipalidades con respecto a la salud, administración, economía, etc.

COCTEL A OSCURAS

La primera recepción en la embajada de Venezuela fue con motivo del 5 de Julio, día de nuestra independencia nacional. Recibí del Ministerio de Relaciones Exteriores la orden de celebrar esa fecha, pero me advertían la falta de presupuesto para realizarla. Como pude me las ingenié y comencé a preparar la embajada para ese evento. Acondicioné el salón principal donde el mismo día se inauguraría la primera exposición de fotografía venezolana en Libia, de la que mi hermano Alfredo haría la curaduría ad honórem. La generosidad de algunos de sus autores terminó en la donación de varias de sus fotos a la embajada. Estábamos en pleno verano, la temperatura alcanzaba los 47 °C. Había poca humedad, pero el calor resultaba insoportable al salir a la calle. La sensación era parecida a estar cerca de un alto horno. Al llegar a la residencia salí apurado del auto para librarme de aquel sopor; sobrevenía entonces un estado de alivio al entrar a la casa.

Poco antes de la recepción instalé varios aparatos de aire acondicionado en la embajada y reparé los viejos. La mano de obra en Libia no es buena. No existe experiencia en oficios especializados y los que los realizan son incumplidos con su trabajo. Llegan tarde, se van temprano y no hay forma de controlarlos. Después de cualquier reparación hay que correr con suerte. Las compañías de servicios con credibilidad son extranjeras y escasas. Entre los embajadores se comunican los raros hallazgos de personas con ciertas habilidades para el trabajo en oficios particulares. Por eso, al terminar la instalación de los aires acondicionados me encomendé a todos los santos venezolanos y al propio Alá para que saliera bien la celebración.

Muy temprano en la mañana comenzamos a disfrutar de un clima ideal en el salón de recepción. La única incomodidad la viviría el propio embajador y su esposa recién llegada al país porque debíamos recibir a los invitados en la entrada de la embajada, a plena intemperie, con un calor sofocante.

La primera media hora de la recepción transcurrió sin problemas, la diplomacia departía y disfrutaba de la exposición de fotografía venezolana. Asistió una representación del protocolo libio, lo cual era buen signo y reafirmaba la amistad entre las dos cancillerías. Sabía que los libios no ingerían licor; por eso había ordenado unas jarras de refrescos especialmente ubicadas para ellos. A medida que transcurría el tiempo veía a los mesoneros exagerar con el servicio especial para los libios: cada cuarto de hora llenaban sus vasos de refresco. Llamé al barman y me dijo, para mi sorpresa, que así era la forma como algunos libios camuflaban el alcohol, práctica conocida por los mesoneros de las distintas embajadas. Ellos sabían que previamente debían tener un envase con la mezcla de jugos y bebidas espirituosas. En todas partes existen los caminos verdes, pensé.

En lo mejor de la tertulia, a la hora de haber comenzado la recepción, sentimos una explosión en las afueras de la embajada y quedamos en completa oscuridad. El embajador de España se me acercó para calmar mi ansiedad porque sabía que nada podía hacerse al respecto.

—No se preocupe, señor embajador, han sucedido cosas peores en ciertas embajadas –me dijo.

No se pudo arreglar el desperfecto, encendimos velas por todo el salón y la celebración del 5 de Julio quedó convertida en una suerte de sesión espiritista con gran talante aristocrático. El calor comenzó a colarse entre las rendijas sofocando a los invitados. El embajador de Malta me dijo:

—No se aflija, embajador, primera vez que asisto a una recepción tan misteriosa y particular –y se echó a reír.

La gente fue despidiéndose; en poco tiempo quedábamos sólo los anfitriones y unas pocas personas. El último en salir fue el embajador de España.

—De algo puede estar seguro, embajador –me dijo–: la única recepción que se recordará por muchos años en Trípoli será esta, por exótica y misteriosa.

Me dio un fuerte abrazo y se marchó riendo destilando sus sudores ibéricos.

UN REGALO DEL LÍDER

Luego de algunos meses mi primera sorpresa en Libia provino de una llamada telefónica:

—Buenos días, su Excelencia, soy el jefe de protocolo. Nuestro Líder lo convoca a una reunión mañana a las 11:00 am en el Hotel al-Mahari.

—¿Podría saber el motivo de tanta deferencia? –pregunté extrañado.

—No lo sé –me respondió con picardía por el tono de su voz.

Al día siguiente me presenté con media hora de antelación en el *lobby* del hotel. Más tarde miré mi reloj. Me di cuenta de que el tiempo había transcurrido muy rápido; eran ¡las 12 del mediodía y el Líder no llegaba! Consideré que había sido suficiente la espera y al disponerme a partir vi al jefe de protocolo que entraba nervioso y agitado.

—¡Perdone usted, señor embajador!, pero al Líder le fue imposible venir, surgió un problema de última hora y tuvo que abandonar la ciudad. En su nombre le presento sus excusas. Para colmo, el tráfico anda hoy como nunca [las colas de automóviles en Trípoli son insoportables y la anarquía para conducir, mucho más]; estuve atascado en una cola y no podía salir –me dijo fatigado.

—Despreocúpese, lo entiendo –le dije, para calmarlo.

El hombre sonrió y me hizo un gesto para que lo acompañara hasta la salida del hotel. Sacó un manojo de llaves de uno de sus bolsillos y, levantándolo al nivel de sus ojos, me dijo:

—Tenga, es para usted, es un presente del Líder.

Hubo un momento de confusión, hasta llegué a pensar que me estaban entregando "las llaves de la ciudad", pero la informalidad era tal que esa idea se disipó rápidamente. El jefe de protocolo me hacía señas con su boca, mostrándome un automóvil último modelo estacionado frente al hotel; un Audi, uno de los extraordinarios vehículos alemanes. Yo permanecía sin reaccionar. Sólo pude balbucear unas frases entrecortadas.

—Mire… no sé qué decirle… pero debo consultar a mi cancillería…

El hombre me interrumpió balanceando las llaves frente a mí y produjo un chasquido con la boca llamándome a comprender el hecho. Dio énfasis a cada una de sus palabras.

—Embajador, se-trata-de-un-regalo-del-Líder –advirtió.

A los árabes no se les suelen rechazar regalos, ¡y mucho menos al Líder! pensé. Tomé las llaves como si esperara de ellas una descarga eléctrica. Le di las gracias y lo vi alejarse satisfecho.

De inmediato me comuniqué con la cancillería venezolana. No fue posible hablar con el canciller José Vicente Rangel, a quien luego me dirigí por escrito explicando la situación y exigiendo instrucciones. Jamás recibí respuesta alguna pese a mi insistencia en reiteradas oportunidades.

Averigüé en la cancillería libia los procedimientos protocolares para agradecer al Líder su presente. Le envié una carta correspondiendo a su gesto por haberle obsequiado a la misión venezolana tan estupendo auto. Al cabo de tres días recibí su respuesta a través de Protocolo. Allí me decían sin ambages, en nombre del Líder, que ese auto no era un presente para la misión, sino un regalo personal para el propio embajador por haber logrado –según ellos– en tan corto tiempo relaciones estrechas entre las dos revoluciones. Un año más tarde habría de hacer los trámites necesarios ante el gobierno libio para traspasar mi automóvil a la misión venezolana. Un funcionario de la embajada me dijo:

—Es una tontería, señor embajador, vendrá otro y se apropiará de él.

EL SUICIDIO DEL ASTRONAUTA

Para un embajador latinoamericano la vida social en Libia se reduce a los encuentros con los demás colegas en las festividades nacionales de los distintos países. O en cenas de recibimiento o despedidas de los viejos o nuevos diplomáticos. Para los hijos del embajador la situación es aun peor.

Con la excepción de la celebración del ramadán, que se extiende hasta la madrugada, la ciudad duerme temprano. Las diversiones son escasas. Existe un par de salas de cine donde se ven películas que han sido estrenadas en otros países hace años y allí se anuncian con bombos y platillos. La mayoría de ellas son de kung-fu o de carácter extremadamente violento. Los jóvenes tienen pocas posibilidades de esparcimiento, su deporte favorito de data reciente lo constituyen los ciberespacios, sitios de telecomunicaciones y de navegación por internet. Todos estos lugares pertenecen a uno de los hijos de Gaddafi, que controla las telecomunicaciones en general. En ellos los jóvenes pasan horas extasiados con los portales de pornografía o comunicándose con mujeres a través de la red para construir sus fantasías. Se les puede ver en grupos de tres o aisladamente sin importarles quiénes los observan. La restricción sexual es evidente, la falta de información en las escuelas sobre este aspecto es notoria. Es algo que está relacionado con la propia religión. Por eso los jóvenes no pueden ver a una mujer sola en las calles, sobre todo si es extranjera, porque se le pegan como sanguijuelas y se ofrecen como compañeros. Son *voyeurs* por naturaleza. Recuerdo una tarde que salí de paseo por una de las principales avenidas de Trípoli y me bajé del auto con mi hija Aymara, de 25 años en ese entonces, para mirar las tiendas. Al cabo de unos minutos parecía el flautista de Hamelin. Había una larga cola de jóvenes que nos seguían y desnudaban a mi hija con la mirada. Tuvimos que entrar en una tienda y a través de las vidrieras veía al grupo de muchachos que la observaban como si estuvieran en presencia de un acontecimiento inédito.

Otro de los problemas serios es la droga, cuyo consumo es castigado con severidad. No hay discotecas ni conciertos musicales, pero los jóvenes visten a la moda igual que sus ídolos y cantantes de países occidentales. El movimiento juvenil libio es una bomba de tiempo, está enterado de lo que sucede en los países donde existe un régimen de libertades, se saben todo lo que acontece en el mundo a través de la televisión o internet. Cada apartamento o cada casa en Trípoli tiene una antena parabólica.

Me traslado con mi hija a un centro comercial, el más grande de Trípoli, el que tiene un restaurante giratorio en su parte más alta, ubicado frente a la playa con una gran avenida de por medio. Es también el más lujoso de la ciudad. Todo lo que se importa en Libia en materia de moda, electrodomésticos e informática se encuentra allí. Una de las joyerías más lujosas de Trípoli no sólo vende joyas, sino que también cambia dólares dentro del mercado negro, según me dice el chofer. Me sorprende ver en la exhibición de una librería la revista *Time* de Nueva York, cuya portada está dedicada al líder de la revolución libia. Se trata de un amplio reportaje y una entrevista a Gaddafi, según reza en la carátula. Al revisar su contenido las páginas correspondientes a dicho reportaje han sido mutiladas. Reviso otro ejemplar y así están todos. ¿Cuál es el sentido de vender una revista en esas condiciones? Intuyo que al tratarse de un medio de tanto prestigio, con su portada dedicada a Gaddafi, ya puede considerarse una gran publicidad internacional. Y como

el culto a la personalidad del Líder es tan fuerte, pues bien vale
la pena aparecer en una revista de tanto renombre y alcance. Me
aventuro a hablar con el dependiente de la librería, le pregunto con la inocencia del caso el porqué de la mutilación. Él me
mira, se sonríe y me regala una expresión demasiado elocuen-
te. Indago sobre literatura libia, pero sólo tienen disponibles
el *Libro verde* en todas las formas e idiomas, textos históricos
sobre la conquista de Libia con enfoques interesados, héroes de
la revolución, libros escolares en donde predomina la figura del
Líder y la historia oficial. Adquiero un mapa de Libia y de la
ciudad de Trípoli. Toda la literatura de interés sobre el país se
consigue en el exterior y a través de internet. La mayoría de ella
está representada por poetas y narradores jóvenes radicados en
el extranjero, fundamentalmente en universidades norteamericanas. Sin embargo he podido encontrar en un viaje a París al
representante más conspicuo de la literatura libia, Ibrahim al-
Koni, de quien sólo he conseguido tres de sus novelas: *Poussière
d'or* (*Oro en polvo*), *L'Herbe de la nuit* (La hierba de la noche)
y *Le Saignement de la pierre* (El desangramiento de la piedra),
la primera editada por Gallimard y las restantes por L'Esprit
des Péninsules. También habría que incluir al propio Gaddafi,
quien ha escrito libros de cuentos y novelas, uno de ellos para
niños, editado en 1996, *El pueblo, La tierra y El suicidio del as-
tronauta*.

Solía recorrer como paisano las calles de Libia, sus mercados, la Medina, las tiendas, quería conocer cuanto fuera de interés en aquella ciudad tan interesante y contradictoria. Moderna
por sus autopistas y grandes edificios cerca de la playa, pero al
mismo tiempo vieja e insalubre detrás de la modernidad. La basura campea en las calles y su mal estado producía grima a propios y extraños. El caos del tráfico constituye la otra calamidad,
que no hubiese sido tanta si no se corriera el peligro de morir
aplastado por uno de esos conductores inconscientes y arbitra-
rios. Era normal observar el encontronazo entre autos y ver a
los choferes sacar la cabeza y decir "malesh", algo equivalente a

"no pasa nada", y seguir su camino como si no hubiese ocurrido mayor cosa. Por eso muchos de los automóviles en Libia lucen abolladuras en varias partes de la carrocería.

Algunas veces me iba con Nacho, mi hijo menor, a lo largo del malecón, caminábamos para tomar el aire marino y llegábamos hasta el nivel de la Plaza Verde, teniendo siempre extremo cuidado al cruzar la avenida donde nos encontraríamos con el chofer que nos devolvería a la residencia. Cruzar esa avenida constituía un riesgo por la velocidad a la que pasaban los automóviles. En esta oportunidad crucé por el mismo sitio donde había ocurrido el accidente que dejó inservible el Mercedes Benz de la misión, conducido por un sobrino de mi antecesor que salvó su vida milagrosamente.

El libio es un ser agradable, y con un diplomático lo es mucho más. En los primeros días de mi llegada a Libia el ministro consejero y yo salimos una tarde a pasear por la ciudad. Era fin de semana y yo conducía el viejo Land Rover de la embajada. Nos accidentamos en plena autopista, en una curva peligrosa, y fuimos auxiliados por la gente que pasaba en los autos. Se paraban, trataban de ver cómo nos socorrían, hasta que llegó alguien y nos llevó a buscar agua ya que el jeep se había recalentado.

Los vecinos de la cuadra, al saber que se había mudado un embajador cerca de ellos, se sentían felices y a menudo llegaban con obsequios de comidas libias, en especial el couscous y toda clase de frutas. Sin embargo las mujeres son ariscas si uno las mira, y huidizas si se les trata de fotografiar. Es difícil filmar a una mujer libia a menos que sea a escondidas. Esto pude lograrlo una vez que fui de paseo a la Medina con Maria Inés, equipado con una minúscula videograbadora atada al cinturón y camuflada por su propio estuche de cuero. Dejé afuera el objetivo y la puse en marcha continua. Caminaba y preguntaba por los precios a las vendedoras callejeras que normalmente se encontraban sentadas. Allí hice tomas interesantes aunque algo movidas al tratar de colocarme en forma correcta para orientar el objetivo de la cámara hacia el rostro de las vendedoras. Las mujeres libias no son particularmente bellas, aunque poseen unos ojos muy llamativos. Son delgadas y se visten de forma muy variada. A muchas se les ve en jeans, pero la mayoría usa el *foulard*. Conducen sus propios automóviles, van por las calles en grupos de a tres o cuatro, sobre todo las solteras y jóvenes. Las casadas andan normalmente con sus maridos.

Los hombres que tienen más de una mujer deben mantenerlas económicamente y no deben establecer preferencias entre ellas, de lo contrario se verán envueltos en líos. Me contaba una de las señoras que trabajaba en la residencia el caso de un hombre que tenía dos mujeres y poseía un auto. A la hora de pasear se veía enfrentado a un grave problema porque las mujeres se peleaban para ocupar el puesto delantero del automóvil, al lado de su marido. Pasear en ese puesto es signo, a nivel social, de que se es la preferida.

El pueblo libio se ve alegre y activo. El movimiento de gente en las calles y sobre todo en los lugares comerciales así lo confirma. Cuando los libios hablan parecieran gritar. Visten bien, sobre todo los jóvenes que andan a la moda; imitan lo que ven por televisión. La mayoría de los productos vienen de Italia, principal socio comercial de Libia. No se ven niños realengos en las calles, ni mendigos pidiendo limosna.

Serían aproximadamente las 11 de la noche. Salía de una fiesta aniversaria de la embajada de la India y mi chofer marroquí, como siempre, me esperaba adormilado dentro del auto. Sus colegas se alertaban entre sí cuando uno de nosotros salía de la recepción y se asomaba a la puerta. Los choferes corrían a los autos y venían a buscarnos para trasladarnos a nuestras respectivas residencias.

Mientras nos dirigíamos a casa interrumpí la seriedad de mi chofer, quizás por el cansancio de la espera, y le dije algo que lo dejó atónito:

—Rezex, lléveme a casa de las putas —le ordené. Frenó

instintivamente el automóvil y se quedó mirando a través del espejo retrovisor con sus ojos desorbitados.

—¡Señor embajador! –exclamó sorprendido, mientras yo aguantaba las ganas de reír.

—Ya se lo he dicho, ¿o es que Trípoli es la única ciudad del mundo donde no hay putas?

—Sí, señor, como usted diga…

Recorrimos calles y avenidas y nos internamos en los predios cercanos a la Plaza Verde. Desde las arcadas de unos viejos edificios comencé a observar movimientos bruscos de personas que se escondían. El auto con placa diplomática roja las ahuyentaba. Pero Rezex, veterano de varias "guerras mundiales", hizo una señal con las luces del automóvil y las prostitutas comenzaron a aparecer como por arte de magia. Se tongoneaban y mostraban sus atributos. Todas parecían extranjeras. Dimos la vuelta en la gran avenida y comprobé que el oficio más antiguo del mundo también se ejercía en Trípoli a pesar de su prohibición y de los fuertes castigos contemplados en la ley. Posteriormente me entero de que existen casas donde se dan cita prominentes miembros de la sociedad libia para encontrarse con mujeres. Había comprobado la hipocresía de algunos libios que me decían que en su país "esas cosas" no existían. Por supuesto, eran funcionarios del Gobierno.

UN DIPLOMÁTICO SUSCEPTIBLE

Si tuviese que hacer una semblanza mínima y lograr expresar en pocas palabras las características esenciales de algunos diplomáticos que me interesaron como personajes, mencionaría los siguientes: el embajador de España, José Luis Tapia, extraordinario anfitrión, de quien aprendí mucho el oficio de embajador. Con él sostuve interesantes conversaciones que terminaron orientándome en el difícil mundo de la diplomacia. También intercambié informaciones valiosas y discutí aspectos políticos sobre nuestros países y sus relaciones con Libia. En su residencia disfruté de las cenas más espectaculares. Me pareció siempre que era un embajador nato. Yo creía, de acuerdo con su conversación y su actitud frente al trabajo, que así deberían ser los diplomáticos en general, con una vocación tan natural como la que emanaba de él.

Un personaje de novela: el embajador de Brasil, Joaquim Cardoso, quien jamás tuvo empacho alguno para decirles a los libios en su propia cara las cosas que no le gustaban; un veterano de la diplomacia, insigne contador de fábulas familiares e historias increíbles sobre su país. Su sentido del humor era envidiable. En la sala de su residencia había innumerables objetos: colecciones de estribos, pipas, medallas, banderines, cajitas de plata, cada uno de ellos con una anécdota particular. Mientras atendí a sus invitaciones le pregunté siempre por la procedencia de aquellos tesoros, con la seguridad de que a partir de allí surgiría una historia maravillosa como las de García Márquez.

Un día me contó que su predecesor, un hombre alegre y simpático, un verdadero sibarita, trajo a Libia un *container* donde venía camuflado un cargamento de bebidas alcohólicas. Era una práctica utilizada por algunas embajadas para poder introducir al país ese tipo de mercancías prohibidas por el Gobierno. En este caso, su colega brasileño declaró a las autoridades que se trataba de su piano (al embajador le gustaba la música). El *container* arribó al puerto de Trípoli y el diplomático no lo pudo buscar en el momento oportuno. Días más tarde recibiría una llamada telefónica de la máxima autoridad portuaria para trasmitirle una información muy importante:

—¡Embajador, es urgente, mande a buscar su piano de cola porque está goteando!

Un personaje simpático: el embajador de Malta, Richard Vella Laurenti. Venía de ser profesor de inglés en su universidad. No creía, igual que yo, cuando requirieron de sus servicios para la diplomacia; por eso nuestra afinidad era particular ya que todo lo aprendíamos por primera vez. Nos sorprendía el mundo de la diplomacia y hacíamos comentarios divertidos sobre situaciones políticas surgidas en el medio.

—Esta es una pasantía de vida para mí. De aquí volveré a la universidad para seguir enseñando idiomas –decía. Yo alegaba lo mismo, aunque lo mío fuera la economía petrolera.

Un personaje agradable: John, el embajador de Holanda. Había sido diplomático en México, conocía muy bien ese país, tenía gran empatía por lo latinoamericano, de ahí que nos lleváramos tan bien. Dominaba a la perfección el español igual que su bella esposa, Jean, una irlandesa jovial con un sentido del humor exquisito e igual identificación con América Latina. Disponían de una hermosa residencia con un solar tan amplio que se podía practicar equitación.

Un personaje divertido: la encargada de negocios de Finlandia, Ulla-Maija Suominen. Con temor de regresar a su país, le huía a la soledad del jubilado. Discutíamos con ella al expresar su deseo de permanecer en Libia si su gobierno le daba una nueva oportunidad, pero se le había agotado su tiempo en la diplomacia: ya tenía la edad para el retiro.

—¿Cómo puedes intentar quedarte en un país con el caos y la burocracia de Libia? –le decíamos.

—Prefiero estar aquí que retirarme a Finlandia con un clima tan inhóspito y vivir mis últimos días viendo pasar las estaciones.

Era una mujer sensible y romántica con una gran pasión por las bebidas espirituosas.

Un personaje político: el de Cuba, Ramón Pérez Yero, con quien trabé buena amistad, especialista en deportes marinos, alegre, entusiasta, pero con una conversación orientada casi siempre hacia objetivos políticos muy concretos sobre su país y el mundo. Podía conversar de todo, pero se las arreglaba para caer siempre en lo político. Y el primer nombre que le venía a la cabeza era el de Colin Powell, a quien consideraba una especie de diablo contra América Latina. Era un personaje agradable, igual que su mujer Teresita, pintora del trópico y del Caribe de cuya producción conservamos un cuadro de una isla solitaria con palmeras y un sol esplendente.

Un personaje amistoso y afable: el embajador de Suiza, Paolo Brogini, hombre culto, buena gente y quien se sorprendió al descubrir que yo era lector de Antonio Tabucchi, su amigo personal. Más tarde el gran escritor italiano me dedicaría un libro por su sorpresa de que existiese un embajador que lo leyera, ya que, según él, los diplomáticos tenían poco tiempo para ese tipo de gustos. Su amable y delicada esposa Ruth fue siempre una perfecta anfitriona, conocedora de la cocina africana, y nos deleitó con sus platos aprendidos en su antigua misión. Hizo una excelente amistad con María Inés. Un día se marchó y mi esposa y yo los visitamos en su casa, una estancia de la Edad Media en el Ticino, en la Suiza italiana, después de haber terminado mi misión en Libia. Allí pasamos unos días departiendo con la familia Brogini y con su íntimo amigo el alcalde de la ciudad, quien ofreció una cena en nuestro honor en su propia casa a cielo abierto, en compañía de su mujer y su padre, un roble de más de noventa años. Esa noche fresca disfrutamos de exquisitos vinos de la región ofrecidos por el particular anfitrión que había sido reelecto varias veces para regir los destinos municipales de su región.

Un perro fiel: el jefe de protocolo libio, quien lidiaba y trataba de comprender el malhumor de la diplomacia ante la ineficiencia de su oficina. Un hombre de pelo blanco, de una fidelidad extrema al Líder; al verlo venir se apresuraba a su encuentro, se arrodillaba ante él y le besaba los pies y una de sus manos. Algunas veces Gaddafi hacía un discreto amago para evitarlo. Debía enderezar todos los entuertos de la burocracia de su cancillería ante la furia de los diplomáticos frente a tanta ineficiencia.

Un personaje menudo y simpático: el embajador de Vietnam, Do Cong Minh, hombre curioso por la revolución venezolana, un personaje gracioso que en cada recepción, al terminar de cenar, solía comerse un par de bananos. En donde me encontraba me preguntaba exclusivamente por la salud de la revolución bolivariana. No recuerdo haber cruzado con él otras palabras que no hubiesen sido relativas al proceso político venezolano.

Todos estos personajes contribuyeron a formarme una idea del mundo diplomático que sólo conocía por referencias y cultura general. Quienes han incursionado en esta profesión por vocación saben a qué atenerse. La diplomacia es un mundo de nómadas. Cada cierto tiempo tienes que emigrar hacia otras regiones, te guste o no el destino. Es un ámbito de recibimientos y despedidas donde se hacen buenos amigos, y quienes somos ajenos al medio, lamentamos sufrir sus partidas. Siempre tuve la sensación, mientras asistía a las despedidas de ciertos colegas, que era algo similar a lo que hacían nuestros padres al cambiarnos de plantel en la escuela primaria: la tristeza de dejar a los amigos y la alegría de recibir a los nuevos.

El carácter de quienes asumen la diplomacia como profesión está emparentado con un espíritu de aventura, de recorri-

do, de viaje, de conocimiento de otras realidades in situ más que
de cualquier otro aspecto. Durante mi estadía en Libia conocí
a gente diferente, con gran disciplina, con caracteres tan di-
símiles que me parecían personajes estupendos para cualquier
relato. Sergio Pitol, escritor mexicano y diplomático de larga
data, afirma que "esas personas que giran durante todo el día
de ceremonia en ceremonia, elegantemente vestidas y calza-
das, con el mismo rostro inexpresivo, podrían abarcar todas las
variaciones que presenta Balzac en *La comedia humana*, y aun
otras más. En cierto modo ese puñado de damas y caballeros
podría ser un congreso de manías, obsesiones, extravagancias y
complejos, sometidos, eso sí, a una perfecta educación de hierro. Ser miembro de aquel cuerpo me enriqueció ampliamente:
algunos aspectos de mis protagonistas, sobre todo los más ex-
céntricos, los más delirantes, los verdaderos raros, surgieron de
esa esfera"[9]. A mí también me enriqueció este mundo de personajes tan interesante y disímil.

Uno de los embajadores que no me había dado la bienvenida formal era el de Brasil, Joaquim Luís Cardoso Palmeiro.
Pero ya lo consideraba mi amigo por haber departido en varias
recepciones. Joaquim tenía un gran sentido del humor, lleno
de ocurrencias; en ese momento aparecía siempre su linaje y
las peripecias de sus ancestros. Andaba con una brasileña an-
gelical llamada precisamente Angélica, bella y simpática como
muchas brasileñas. Él, en cambio, un hombre alto, voluminoso
y divertido sobrepasaba los sesenta largos. Con una experiencia
envidiable adquirida en esa escuela brasileña de la diplomacia
tan famosa (Itamaraty). Su residencia era un museo con pertenencias heredadas de sus antepasados. En cada oportunidad
nos contaba la historia de sus objetos y nos relataba un cuento o
una aventura de su padre, abuelo o bisabuelo.

Fui invitado de honor del embajador de Brasil. En esa oportunidad me acompañaban los embajadores de Cuba, Argentina

---

9 Pitol, Sergio, *El mago de Viena*, Editorial Pre-Textos, 2005, pp. 96.

y Canadá con sus respectivas esposas. La noche anterior había visto un programa en televisión en el que entrevistaban a un militar inglés jefe de la embajada durante la Guerra de las Malvinas. Me sorprendió su confesión al expresar que estuvieron a punto de perder esa guerra contra la armada argentina. Pero a última hora la llegada de aprovisionamiento impidió una humillante derrota. Me contentó saber que los argentinos hubiesen estado tan cerca de la victoria. En el transcurso de la cena les comenté a los colegas, y de manera muy especial al embajador argentino, el programa de televisión y mi agrado de saber que estuvieron a un paso de salir victoriosos de aquel conflicto bélico. La reacción del embajador argentino, Manuel Fernández Salorio, fue destemplada. Yo no le encontraba explicación a su disgusto y me sentí apenado. Pero él continuó con su agresividad como si yo hubiese sido el realizador de ese programa de televisión. De pronto me miró y me dijo tajante:

—¡Cambiemos de tema!

Yo contuve mi malestar hasta ese instante y me opuse a su pretensión por no existir razón para darle vuelta a la conversación. Pensé en que podrían generarse fisuras en nuestras relaciones personales, no así en el ámbito diplomático.

—¿Por qué más bien no hablamos de Chávez? –me espetó con ironía.

—Yo no tengo problemas. Es más, estoy en el deber de hacerlo y es lo que hago siempre. En cambio, yo no diría lo mismo de usted, embajador –le dije con sorna. Sabía que tenía diferencias con su presidente. Al mismo tiempo le pregunté–: ¿Es cierto que en el torneo de la primera magistratura de su país un corredor de automóviles es candidato a la presidencia?

Me miró y acusó la embestida. Parecía una pelea entre colegiales hasta que intervino el embajador brasileño y pidió brindar por mi suerte en Libia, lo cual nos sacó a todos del ambiente tenso en que habíamos caído. En el transcurso de la cena volvió a molestarse porque alguien hizo referencia a José María Trillo, su antecesor, y manifestó sus simpatías por él. Ciertamente

Trillo fue un funcionario de primera por su calidad humana y su delicadeza. Destacar sus atributos incomodaba al embajador argentino, sacándolo de sus cabales. Al final de la cena, en el momento de la despedida, el colega de Argentina se acercó y me abrazó con actitud amistosa.

—No es nada, embajador, somos amigos y pertenecemos a dos países hermanos —me dijo.

Se marchó como si nada hubiese ocurrido. Al despedirme del anfitrión brasileño le sonreí y me hizo un comentario:

—Es que los argentinos son muy sensibles al tema de las Malvinas.

Aprendí que una condición necesaria en la diplomacia es ser tolerante y sobre todo atento y prudente en el hablar. En ese momento recordé el consejo de un embajador venezolano que me había hecho referencia a la virtud principal de un embajador: saber escuchar. No obstante Manuel y yo fuimos amigos e intercambiamos opiniones e ideas. Tuve el honor de introducirlo a la lectura de dos grandes escritores argentinos contemporáneos que desconocía: César Aira y Ricardo Piglia.

Otro día, el embajador de Brasil se encontraba en una recepción en la terraza del edificio más alto de Trípoli y nos juntamos con el embajador argentino. El humor del brasileño siempre fue especial. Sabía que su colega era muy formal, o en todo caso parecía serlo. Nos acercamos a una mesa repleta de frutas de todas clases y me hizo una señal con sus ojos al ver al colega de La Pampa acercarse.

—¿Querés una fruta? —le preguntó sosteniendo un largo banano en su mano. El colega argentino se negó con aspaviento—. Pues yo sí —le dijo Joaquim—, aunque ahora no tengo hambre, pero me lo llevaré para comérmelo en el camino —y se metió en uno de los bolsillos del paltó el largo banano. El embajador argentino enrojeció mostrando sus ojos de asombro. No lo podía creer.

—No, no es posible, ¡no es posible! —decía en voz baja.

Yo aguanté la risa para no importunarlo.

LAS DUNAS ANTE LA CÁMARA

Quizás una de las molestias que más resienten los diplomáticos de Libia sea su pesado protocolo y el problema de los controles. Cualquier trámite debe hacerse a través de esta oficina que tarda un mundo para concretar las solicitudes y exigencias de las embajadas. Sacar el carnet de circulación, la matriculación del vehículo, el carnet de diplomático, pero sobre todo los permisos de viaje dentro o fuera de Libia constituyen verdaderos calvarios. Para todo se requiere una autorización. Viajar de un día para otro a cualquier parte se convierte en una calamidad. Hay que recurrir entonces a las influencias dentro del Gobierno. No es posible prever algo urgente, eso es obvio. Pero no hay alternativa ante los imprevistos: o pierdes la oportunidad frente a una situación determinada o tienes que moverte a muy alto nivel para conseguir tu objetivo. De lo contrario la úlcera comienza a fastidiarte.

Realicé varios viajes intempestivos. En cada oportunidad llené planillas y debí esperar respuestas que no llegaban nunca. Uno de los momentos más desagradables lo viví con la invitación que le hice a mi cuñada Martha, residenciada en París, para que pasara las navidades con nuestra familia. Como sabía de las dificultades protocolares, hice los trámites con suficiente antelación. Durante dos meses redacté cartas, entregué planillas y cumplí con los requisitos exigidos para ella y su marido, Indrassen Vencachetelum, diplomático de la Unesco. Faltando apenas una semana para venir a Libia, mis familiares tuvieron que suspender el viaje por negligencia de la oficina de protocolo. Hice el reclamo respectivo y me dieron las excusas de siempre: "No volverá a suceder, embajador, reciba nuestras disculpas". Eso sí, siempre me contestaron con solemnidad y pesadumbre.

Recién llegado a Libia solicité mi carnet diplomático que me acreditaba como embajador, una especie de cédula de identidad para circular sin problemas en Libia. Debí esperar un mes luego de reclamos constantes hasta que tomé la decisión de ir personalmente a la oficina de protocolo. Muy preocupado me recibió uno de los jefes.

—Embajador, no debió molestarse en venir hasta aquí, qué pena –me dijo. En ese instante comprobé que habían extraviado mi solicitud y debí llenar otra que tardó igual tiempo para ser concedida. Pese a las palabras del canciller sobre el ritmo de los libios, en el momento de presentar mis cartas credenciales, fue difícil controlarme. Sin embargo, en otras ocasiones los permisos salieron sin problemas, como el caso de los agenciados a través del embajador libio en Venezuela para que mi hermano Alfredo pudiera venir a Libia a realizar un trabajo fotográfico en el Sahara.

Muy temprano en la mañana, aún sin salir el sol, nos recogió una camioneta para trasladarnos al aeropuerto de Trípoli. Llegamos en pleno caos por el retraso de algunos aviones. El nuestro, que nos llevaría a la ciudad de Sebha, no aparecía por ningún lado. Después de varias horas, nos ordenaron hacer una cola en la pista de aterrizaje para abordar la nave. Era evidente que toda esa gente no cabía allí. Dudaba de si mi hermano y yo, más el guía, correríamos con la suerte de llegar a tiempo antes de que se cerrara el cupo. Mientras esto pensaba comencé a escuchar unos gritos que venían desde la aeronave y se oían cada vez más cercanos:

—*¡Zafir, zafir... zafir!* [significa "embajador" en árabe].

Un libio de protocolo, el de los gritos, me dijo muy apenado que cómo era posible que estuviésemos haciendo cola. Me tomó de la mano (costumbre muy arraigada entre los funcionarios) y me arrastró en carrera para meterme en el avión junto a mi hermano y el guía. Alguna gente protestó en la fila. Yo me sentía apenado mientras el funcionario les gritaba a las personas molestas que se trataba de un *zafir*.

Viajamos al desierto a través de una compañía del Gobierno y llegamos en vuelo aéreo a la ciudad de Sebha, de donde saldríamos por tierra hacia nuestro destino. Esa noche dormiríamos en un hotel cuya reservación había sido hecha desde Trípoli por la compañía turística, pero encontramos que la mía había sido asignada a otra persona. El recepcionista nervioso obligó a su cliente a desalojar la habitación pese a mi insistente negativa. Luego supe que el empleado se jugaba su puesto si algo salía mal con el *zafir* de la República Bolivariana de Venezuela.

La ciudad de Sebha se encuentra hacia el suroeste de Libia. Es un territorio industrial en pleno desarrollo con más de 100 mil habitantes. En sus alrededores se encuentran grandes silos para el almacenamiento de cereales y se observan las instalaciones de su industria. Destaca la expansión de sus edificaciones por el ámbito que ocupa la construcción de conjuntos residenciales modernos y la presencia de la banca central allí ubicada.

Antes de dirigirnos al desierto realizamos un paseo de tipo arqueológico hacia el llamado País de los Garamantes, en la depresión de Mourzouk. Nos desviamos de la carretera de asfalto, nos internamos por un espacio de arenas y luego de dos horas de camino llegamos a la atracción principal: una vasta pared de piedra con grabados del primer milenio antes de Cristo. Uno de los guías nos explicó en su cartilla aprendida de memoria toda la historia de la zona. Escalamos esa pequeña elevación de piedra y sobre las rocas observamos las figuras rupestres de animales: elefantes, jirafas, camellos, rinocerontes, que daban fe de la fauna que existió en esos lados del planeta. El sitio arqueológico está rodeado por un desierto parecido al de un planeta extraño: una superficie de tierra llena de pequeñas piedras negras como si fuesen pedazos de carbón esparcidos a la redonda. Los grabados están en las rocas ubicadas sobre un banco de arena que según afirman fue un río en la antigüedad. Acampamos bajo uno de los tres árboles del lugar. Allí almorzamos y regresamos para retomar la carretera de asfalto y pernoctar tres horas más tarde en un hotel en medio de la soledad.

Al otro día salimos muy temprano hacia el desierto por una de las mejores carreteras de asfalto que había visto desde mi llegada a Libia. Poco a poco el paisaje agreste se fue convirtiendo en un horizonte desolado y comenzaron a aparecer las primeras dunas a ambos lados de la carretera. Entramos a una pequeña población de pocas calles y el chofer nos condujo hasta el final de una de ellas cuando de pronto apareció frente a nosotros la primera montaña de arena casi sin darnos cuenta. En una pirueta de hombre veterano el chofer tomó velocidad en su 4x4 y remontó lateralmente la cresta de la inmensa duna. Iniciábamos un viaje por la superficie infinita de leguas de arena. Seguíamos una dirección, pensaba yo, aprendida de memoria porque no había rastros de arbustos, muy pocas huellas de neumáticos, visibles algunas veces, otras surgidas como por azar desde la propia arena. Llegábamos a la cima de una montaña de arena con un impulso que luego nos creaba un vacío en el estómago por el descenso abrupto de la camioneta. Literalmente corríamos por un mar de olas arenosas. Habíamos gastado varias horas viendo sólo una superficie naranja y un cielo azul despejado de nubes. La época era de frío; sin embargo el sol picaba. Hicimos dos paradas para escuchar la soledad de aquella planicie. Para satisfacer mi curiosidad le pregunté al chofer cómo sabía por dónde iba si no existían referencias evidentes. Me contestó que había nacido en esos parajes, tenía más de veinte años cruzando el desierto y transportando gente de día y de noche. No quise continuar con mi indagación, pero me puse a pensar cómo lo hacía. Era evidente que su memoria jugaba un papel importante. Sentí que la orientación del sol, la del viento y una pequeña brújula adosada al tablero del vehículo constituían sus únicas guías. La sorpresa mayor apareció al remontar una colina y alcanzar su cumbre, de pronto surgió frente a nosotros, a lo lejos, la majestad del primer oasis protegido por palmeras y custodiado por algunas casuchas en su margen izquierda. Se veía una masa de agua, parecía un mar gelatinoso gigante incrustado en la arena. Nos detuvimos unos instantes a contemplar el gran espectáculo y mi hermano capturó sus primeras imágenes.

Los guías nos instaron a bañarnos alegando que quien venía al desierto y no experimentaba la sensación producida por las aguas de aquel oasis, que se comunicaban subterráneamente con las de otras regiones, no podía decir que había venido a Libia. Según ellos las aguas de ese oasis eran medicinales. Nos zambullimos y la sorpresa fue aun mayor. Sus aguas eran tan densas que podíamos sentarnos por segundos sobre ellas. Le dije a mi hermano que ahora creía entender cómo Cristo había caminado sobre las aguas. También pensé que en aquella soledad una emergencia podía convertirse en una muerte segura por lo aislado y la distancia donde nos encontrábamos con relación a la población más cercana. Mi hermano me interrumpió:

—Déjate de malos augurios y disfrutemos de este baño exótico.

Al terminar fuimos a un pozo de agua dulce cercano para sacarnos el sulfuro que nos dejó el oasis. De pronto, de las casuchas cercanas comenzaron a salir personajes envueltos en túnicas enrolladas en la cabeza que dejaban ver sólo sus ojos.

—Son los tuaregs del desierto –nos dijo uno de los acompañantes. Fueron delicados en el trato y pronto comenzamos a hacerles preguntas. Detrás de una de las chozas había un lugar techado para almorzar y luego descansar. Posteriormente caminamos hacia unos arbustos. Detrás de ellos encontramos a otro grupo de tuaregs dispersos con frazadas tendidas sobre la arena vendiendo prendas y objetos típicos de la artesanía del desierto. El capitalismo se encuentra en todas partes, pensé.

Regresamos temprano antes de la puesta del sol; el chofer nos advirtió que resultaba mucho más difícil conducir de noche. Vimos algunas caravanas a lo lejos; eran turistas alemanes que venían de excursión por varios días, traían sus carpas e investigaban la flora y la fauna del desierto. Alfredo continuaba consumiendo rollos de película. El chofer conducía apresurado en su regreso.

—Si puedo evitar viajar de noche, mucho mejor —nos dijo.

Mi hermano y yo nos vimos las caras con cierta preocupación. Pero al mismo tiempo pensamos que ellos sabían lo que estaban haciendo. El chofer aceleró el auto para alcanzar la cima de una duna y evitar así que el vehículo desmayara, hizo un mal cálculo y seguimos de largo descendiendo en caída libre unos cuantos metros. Me golpeé la cabeza y sentí un fuerte aturdimiento. Mi hermano se aporreó una pierna, creyó que se había fracturado la rótula. Fue sólo un susto. Los guías y el chofer se pusieron nerviosos y nos auxiliaron. Por fortuna, jamás nos quitamos el cinturón de seguridad. Llegamos al hotel ya oscureciendo. Esa noche soñé: me vi entre los hombres de Lawrence de Arabia galopando en medio del desierto. Montaba un caballo rucio cuando sentí un disparo y la bestia dio vueltas de campana mientras yo salía despedido. Al levantarme vi el rostro de Anthony Quinn preguntándome qué hacía yo por esos lados. Fue como un regaño, vi en sus ojos la expresión de la mirada de mi progenitor.

—Ten cuidado con esta gente —me dijo, y abrí los ojos pensando en lo exagerado que siempre fue mi padre.

A la mañana siguiente bien temprano regresamos a Sebha, tomamos fotografías de los parajes desérticos y de los mansos camellos que nos dejaban acercarnos mientras batían sus mandíbulas produciendo un movimiento particular de su trompa.

Regresamos a Trípoli dos días después cargados de imágenes y paisajes, sabiendo que por más que contáramos nuestra experiencia nunca podríamos trasmitir las sensaciones producidas por esa vastedad de arena y cielo añil.

PROFESIÓN: LÍDER

El cuerpo diplomático es invitado con sólo un día de anticipación al aeropuerto militar de Libia para recibir al presidente Bouteflika de Argelia y su nutrida delegación. El mismo protocolo de siempre: nos ubicamos a lo largo de la alfombra roja y esperamos con paciencia a los recién llegados. Bouteflika saludaba cordialmente. Yo me llevo una sorpresa con uno de los miembros de la comitiva del presidente argelino. Un personaje blanco y fuerte, bien entrado en sus setenta, me estrecha la mano y mientras el jefe de protocolo me presenta el hombre se detiene y me habla en perfecto español.

—Chávez me invitó a visitar Venezuela, pero no he podido ir, he estado un poco enfermo. Me lo saluda de mi parte, yo lo aprecio mucho –me dice, y continúa estrechando manos de diplomáticos.

Es Ben Bella, el legendario líder argelino luchador por la independencia de su país como miembro del famoso Frente de Liberación Nacional, quien llegó a ser presidente de Argelia para el período 1963-1965.

En la noche asistimos a una cena en el búnker de Gaddafi en homenaje a Bouteflika y su delegación. Antes de la comida el Líder ha dispuesto una pantalla gigante donde se proyecta un documental de ficción (sobre todo esto último) dirigido por su hijo menor, teniente de la armada, quien también la protagoniza. En él se narra la conspiración preparada por el entonces joven Gaddafi para derrocar al rey Idriss. Allí se muestra cómo el futuro líder de la revolución, en un viejo Volskwagen, organiza de forma solitaria todo el proceso conspirativo viajando a las distintas guarniciones. Aparece en el film como un superhéroe. La película es larga, tediosa y nos hizo añorar la cena a los pocos minutos de haber empezado. Para cenar había que verla completa. Fue un largo bostezo en la espesura de la noche. Más culto a la personalidad de aquello que veíamos era imposible. Al terminar observé el rostro de Gaddafi esgrimiendo una sonrisa como dando a entender que esa era una travesura de su hijo.

Gaddafi habla más de cuatro horas por la radio y televisión del Estado. Son frecuentes sus cadenas. Fustiga al imperialismo norteamericano, lo acusa de todos los males que padecen los países pobres de África y del mundo. Denuncia magnicidios y devela conspiraciones de una oposición casi inexistente. Convoca a formar un bloque antiimperialista para enfrentar a los Estados Unidos.

Apago el televisor y redacto un memorándum para el Ministerio de Relaciones Exteriores venezolano. Contesto algunas cartas, preparo la programación de la embajada para el próximo mes y al mismo tiempo redacto el informe mensual que debo enviar al ministerio. Luego de dos horas, al encender de nuevo el televisor, Gaddafi continúa su discurso infinito. Esta vez habla de acuerdos y ayudas para los países pobres de África.

El único apelativo que acepta Gaddafi es el de Líder. Desde hace algún tiempo ha renunciado a ser presidente o jefe de Estado de la Gran Jamahiriya Árabe Libia Popular y Socialista (es decir Libia). Pienso en el nombre de mi país, República Bolivariana de Venezuela (es decir Venezuela), y me doy cuenta de que ambos son de los pocos países del mundo que tienen nombres tan largos.

Según se comenta en los predios diplomáticos, Gaddafi no puede viajar a Europa o a otros continentes por no detentar la categoría oficial de jefe de Estado, o de presidente o de rey. De atreverse a cruzar las fronteras hacia otras regiones como esas, estaría corriendo el riesgo de ser apresado debido a los distintos juicios que se le siguen por sus actividades terroristas. Autodenominarse líder de una nación no comporta ninguna inmunidad ante la comunidad internacional.

Abro un libro de cuentos de Roberto Bolaño, *Llamadas telefónicas*, y lo leo de un solo tirón. Salgo a encender el televisor. Gaddafi continúa con su discurso antiimperialista y me pregunto: ¿Hasta dónde llegarán sus ataques contra el gobierno norteamericano? Sé de fuentes fidedignas que el gobierno libio trabaja intensamente para restablecer las relaciones con Estados Unidos, desea que las compañías petroleras transnacionales regresen al país a explorar y explotar las áreas en concesión que les fueron otorgadas por un lapso de cien años y que está a punto de vencerse. Quiere además que Libia entre a la Organización Mundial del Comercio. Gaddafi sabe que la única forma de modernizar el país y pasar a nuevos estadios de desarrollo es abriendo sus fronteras y normalizando su situación política dentro de la comunidad internacional.

Ha dado pasos importantes con otros países. Hizo un llamado a los italianos para que rescataran sus antiguas propiedades confiscadas por el Gobierno a comienzos de la revolución. Ha obligado a Italia, a través de una declaración pública, a pedir perdón al pueblo libio y a pagar una cierta suma en dólares por los daños causados durante la colonización[10]. Esto ha sido más simbólico que otra cosa. Lo ha hecho para salvar la honrilla porque necesita del capital italiano. La mayoría de sus importaciones viene de ese país y existen grandes inversiones de compañías italianas en suelo libio. Se trata de normalizar una situación que de hecho ya existe.

Gaddafi aún continúa su discurso. De pronto se molesta. Amenaza con nacionalizar el capital privado que tiene inversiones en Libia, con expropiar ciertas empresas o expulsarlas del

---

10 Las fuerzas italianas invadieron Libia el año 1911 y posteriormente la gran invasión fue en 1922.

país si no trabajan por el interés de la nación. Lo escucho con atención. Es inevitable pensar en el presidente de mi país. Es una buena manera de practicar el árabe que ahora aprendo con un profesor particular, el esposo de mi secretaria palestina.

El chofer de la embajada me conduce a la residencia del embajador de Polonia. Celebran su día nacional. Le he dicho que pase a recogerme en un par de horas. Aprovecho el momento para conversar algunas cosas pendientes con el embajador español. Este me presenta a uno de los empresarios que ha dirigido la terminación de la ampliación del puerto de Trípoli. Entablo una amena conversación y hago todo lo que hacen los demás embajadores: enterarse de lo que sucede en Libia a través de las recepciones, cenas y recibimientos de jefes de Estado. Esta es la verdadera fuente de información, la que se consigue por medio de los personajes que asisten a ese tipo de eventos y trasmiten lo que otros les comunican.

El empresario polaco me cuenta que ha pasado cuatro años en Trípoli en la construcción de un puerto en el tiempo estipulado. Le ha cumplido al Líder y eso es muy importante. Le digo que así quedan las puertas abiertas para otro proyecto. Él se sonríe y me dice:

—En eso ando ahora, pero es un problema. Nosotros hemos elaborado un plan que se fue cumpliendo en sus diferentes etapas tal como lo habíamos previsto; sabíamos lo serio del compromiso adquirido. Ahora, después de haber finalizado y desmontado todo nuestro aparato técnico, viene el Líder a ver la obra y queda maravillado. Camina dos kilómetros y disfruta de la construcción. Llega al final, se queda mirando, como siempre, al horizonte, y de pronto se le escucha decir en un arrebato de inspiración:

—¡Cuatro kilómetros más! ¡Hay que construir cuatro kilómetros más! –dice eufórico señalando con su brazo la prolongación imaginaria del puerto inexistente.

—Usted se imagina –me dice el constructor polaco–, para nosotros resulta mucho mejor desde el punto de vista económico, pero ya habíamos desmantelado todo y nos habíamos mentalizado para realizar un nuevo proyecto en otro país —agrega—. Ahora debemos ampliar el puerto. Quién sabe cuántos años más nos llevará ese capricho de Gaddafi aquí en Libia.

UN ISLAM A LA MEDIDA

Haber escrito el *Libro verde* ubica al Líder, para muchos árabes, como un hombre de avanzada por el papel que le otorga a la mujer en la sociedad libia, entre otros aspectos. En cambio para muchos es un militar que ha trastocado las leyes musulmanas, incluyendo a quienes legislan (*ulamas*), aunque no lo puedan manifestar de manera beligerante por razones de seguridad personal. Las propuestas doctrinarias del Líder respecto de la mujer son consideradas por algunos como una forma de feminismo coránico, lo que ha traído como consecuencia un enfrentamiento con los islamitas por la política de emancipación de la mujer aplicada en Libia después de 1969. Emancipación que para muchos resulta una entelequia.

Quizás una de las transgresiones mayores que ha hecho Gaddafi ha sido la manera en que ha despojado a un grupo de mujeres, cada vez más creciente, de su verdadero rol en el islamismo. Esto se ve claramente con las famosas amazonas, las mujeres de la guardia y custodia personal del Líder. Una vez que se convierten en amazonas se retiran definitivamente del núcleo del hogar, no pueden casarse y mucho menos tener hijos, condición que en el mundo islámico es esencial. Son seres que gozan de todos los privilegios económicos que ningún libio posee: ganan sueldos por encima de cualquier funcionario público, cambian de carro todos los años, viven en lujosos apartamentos, pero no pueden formar un hogar y mucho menos vivir con nadie, aunque se sabe que algunas de ellas son amantes de algunos funcionarios militares y hasta del propio Gaddafi.

Las jovencitas a partir de los 14 años ya pueden entrar a formarse en la escuela de amazonas. Para la familia libia es un duro golpe porque son arrancadas del núcleo familiar y le son violadas sus tradiciones: no regresarán jamás al seno del hogar. Esa aspiración fundamental de las libias que es formar una familia se ve truncada. De cierta manera y a medida que pasan los años constituye una desgracia para ellas. La soledad a medida que envejecen se ve dibujada en sus rostros. Es una forma real de castración social muy criticada por la sociedad musulmana.

Ha dicho Gaddafi que la sociedad libia necesita de mujeres especialistas en todos los dominios (Djaziri, Moncef; 1996). Gaddafi se ha erigido en una suerte de predestinado o nuevo profeta. Algunos lo consideran un modernizador y otros como un hereje por sus excentricidades religiosas. Sólo conserva del Islam el Corán[11], y deja en un segundo plano la Hadith[12] y la Sunna[13], de aquí su enfrentamiento con los *ulamas*. Ha explicado Gaddafi que el Corán es el gran libro sagrado y es pauta obligada para todos los pueblos árabes y musulmanes. En cambio, los demás instrumentos religiosos han sufrido una entropía en su transmisión *de bouche à oreille* que impide al país superarse. Él ha advertido a los libios que la única manera de enfrentar el progreso y el desarrollo del país es creando nuevos instrumentos políticos y sociales que orienten a la población. De aquí la aparición del *Libro verde* para poder hacer la revolución y continuar por la vía del progreso. El propio Gaddafi lo ha considerado como el "Evangelio de la nueva era, la era de las masas".

---

11 Representa la palabra de Dios destinada a la humanidad entera fielmente trasmitida por el Ángel Gabriel al profeta Muhammad (Mahoma), último de los enviados divinos.
12 Significa "relato", "tradición", y es la segunda fuente en importancia del Islam. Reagrupa los relatos, las enseñanzas y las prácticas religiosas atribuidas al profeta.
13 Significa "voz", "regla de conducta". Contiene todas las tradiciones y costumbres que se deducen de las fuentes del Islam clasificadas por materias y dominios.

El primer volumen del *Libro verde* fue publicado el año 1975 y se refiere a "La solución al problema de la democracia: El poder del pueblo"; la segunda parte se publicó en 1977 sobre "La solución del problema económico: El socialismo", y la tercera parte aparece en 1978 como "El fundamento social de la Tercera Teoría Universal[14]. Este libro contiene la concepción particular de Gaddafi sobre el Estado, con lo cual pretendió diferenciar la administración de su gobierno de cualquier alineamiento internacional.

El primero de marzo de 1977 se proclama la Gran Jamahiriya (que significa "Estado de masas") Árabe Libia Popular y Socialista. El Congreso General Popular asume el poder legislativo y el Comité General Popular sustituye al Consejo del Mando Revolucionario en el ejecutivo. Pero en verdad el coronel Gaddafi conservó en sus manos todos los hilos del poder. En los años 70 Gaddafi intentó varios acercamientos para crear una unión árabe socialista con Egipto y Siria, pero no obtuvo buenos resultados, por lo que decidió volcar su mirada hacia África.

En los años 80 se vivió una década convulsionada por una serie de eventos que comienzan con el intervencionismo en África, cuando se desata la guerra contra el Chad bajo influencia francesa y el fuerte enfrentamiento con los Estados Unidos. Se da el apoyo de Libia a los distintos movimientos revolucionarios y terroristas del mundo y su posición contra Israel, que llevan al aislamiento de la nación.

En el año 2002 ocurre un acontecimiento importante y excéntrico. Gaddafi viaja por África con cuatrocientas escoltas, sesenta automóviles blindados y armado hasta los dientes.

---

14 Gaddafi considera su instrumento como una teoría política que le sea específica al Tercer Mundo. Una vía entre el capitalismo y el comunismo que escape a esas dos corrientes ideológicas. Un camino para combatir las fechorías de la cultura occidental (Djaziri, Moncef; 1996). El *Libro verde* es considerado entonces su instrumento de cambio.

Complementan este particular viaje cuatro aviones y un buque que le seguía a distancia para suministrarle su propia comida.

Luego el desarrollo de los acontecimientos y el arrinconamiento de Gaddafi por parte de los Estados Unidos debido al caso Lockerbie[15] lo van a obligar a iniciar negociaciones que alcanzarían más tarde la aceptación de Libia en la comunidad internacional.

---

15 El 21 de diciembre de 1988 un avión jumbo de Pan Am explota sobre la población de Lockerbie, en Escocia, causando la muerte de 259 personas, entre tripulación y pasajeros, y otras 11, habitantes de dicha población, por una bomba colocada en la Isla de Malta en ese avión que continuaba rumbo a Inglaterra por dos agentes terroristas del gobierno de Gaddafi. Posteriormente, el Líder indemnizaría a los familiares de los siniestrados, reconociendo así la autoría del acto terrorista.

LA SED DE LOS DIPUTADOS

Desde Venezuela me anuncian la visita de una delegación numerosa de diputados con la finalidad de observar cómo presta el gobierno libio los servicios públicos a los ciudadanos, y en especial los de la ciudad de Trípoli. Exigen preparar una reunión con el alcalde de la ciudad. No entendía el objetivo de dicha visita porque los servicios de aseo, transporte, luz y teléfonos son caóticos en el país y, especialmente, en esta capital. La basura inunda sus calles y la gente no tiene cultura de limpieza urbana. Luego me enteraría del propósito originario del viaje.

Mientras pensaba y organizaba lo relativo a la visita, me anunciaron otra: la de Freddy Bernal, el alcalde de Caracas, que andaba por algunas capitales del Medio Oriente y llegaría como avance de la delegación en camino. Según la noticia aparecida en la prensa —mas no la versión oficial—, que nunca llegó a la embajada, su visita resultó suspendida cuando el mencionado funcionario paseaba con el vehículo de la embajada de Venezuela en Kuwait y se le ocurrió ordenarle al chofer cruzar la frontera de ese país con Irak. Esa acción terminaría provocando supuestamente la detención del alcalde. Por intermediación diplomática lo dejarían en libertad, aunque el chofer y el automóvil permanecieron detenidos para las averiguaciones del caso.

El jefe de la delegación de los diputados me llamó por teléfono para saludarme y concertar una cita. Los invité a un brindis en la residencia del embajador y acudieron esa noche en un colectivo del gobierno libio. Como lo estila el protocolo, los espero en la puerta interna para saludarlos. Me sorprende verlos entrar a la residencia con un escándalo de himno nacional venezolano y vociferando consignas sobre la revolución bolivariana. Encabezaba la delegación un militar, pequeñito, de pelo blanco y director de la Comisión de Defensa de la Asamblea Nacional, quien se presentó y dijo unas palabras en nombre de todos. Al llegar el mesonero con el brindis gritaron casi al unísono, como si hubiesen encontrado un tesoro: "¡Por fin podemos echarnos un palo!".

Esa noche se presentó una fuerte discusión entre los diputados —al parecer no habían podido discutir, pues los tenían separados en hoteles distintos— y quizás por los tragos se exacerbaron los ánimos. Un grupo alegaba que no querían para su país un modelo de gobierno como el libio, aduciendo su carácter represivo y dictatorial. Otros creían en ciertas bondades y hasta de democracia llegaron a hablar. Me di cuenta de que las pocas horas que tenían en el país habían sido destinadas a un proceso de fuerte adoctrinamiento. La educación política entre los diputados —y la educación en general— era precaria y desigual. No respetaban el derecho de palabra, sobre todo algunas de las mujeres que integraban la delegación. Una de ellas escrutaba la sala de la residencia como si hubiese perdido algo. De pronto pidió la palabra y me preguntó:

—Señor embajador, ¿podría saber por qué en esta residencia no se encuentra el retrato de mi Comandante?

En ese momento recordé que no podía decir la verdad, pues lo cierto era que a mi mujer no le gustaba la fotografía del Presidente en la sala; según ella desentonaba con la decoración de la residencia y no soportaba verlo allí como si fuera un espía observándolo todo. Yo respondí al vuelo:

—Mire usted, el Presidente es tan popular en Libia que cada vez que alguien viene a visitarme le tengo que obsequiar su retrato, y ya no me queda ninguno. Ahora mismo tendré que ordenar que me manden al menos una docena de Caracas –le contesté.

—¡Qué bien! –dijo ella, sintiéndose complacida con mi respuesta.

Uno de los diputados me pidió el teléfono para hacer una llamada urgente a Venezuela. Detrás de él se fueron varios. Al cabo de un rato pedí disculpas a los presentes y les manifesté a los diputados que el gasto de teléfono lo pagaba el gobierno venezolano y les agradecía suspendieran las llamadas. Se excusaron y regresaron a la sala. Otro de los diputados destacó la importancia de su zona en el país como región productora de café. Mostró su interés en establecer relaciones comerciales con Libia para exportar el producto [aquí lo que se toma es té]. Me pidió instrucciones de cómo hacerlo. Le aclaré que debía elaborar un proyecto y le di las indicaciones del caso para que al llegar a Venezuela me enviara los recaudos correspondientes para hacer la tramitación respectiva. Al rato lo vi escribir en una hoja de papel apoyada sobre una de sus rodillas. Al final, me dijo:

—Tenga, señor embajador, aquí está el proyecto.

Más tarde, al anunciar tal como lo tenía previsto el final del brindis, dejaron escapar un rumor colectivo y uno de los diputados me preguntó:

—Embajador, ¿no quedará ni siquiera para "echarnos el del estribo"?

En un momento de la conversación el jefe de la delegación, el militar de pelo blanco, me solicitó:

—Embajador, necesito para mañana su automóvil con chofer; el autobús del gobierno libio es muy incómodo. Además, quiero salirme de la programación tan rígida que nos han impuesto. Quisiera visitar otros lugares.

—Diputado, el auto oficial no puede ser utilizado para fines distintos de los que contempla la ley –le contesté. Él se sorprendió con mi respuesta, pero guardó silencio. Tres diputados del Zulia se me acercaron y uno de ellos me pidió en voz baja una entrevista para el día siguiente; querían comunicarme algo importante. A otro diputado le oí decir que quería escuchar música llanera y comerse una arepa de pabellón.

—Sólo puedo complacerlo con las tonadas de Simón Díaz o con El Quinteto; es lo que tengo por ahora –le dije.

—No, embajador, hablo de música recia de llano adentro como la de Cristóbal Jiménez, por ejemplo –dijo haciendo un alarde de puro nacionalismo. Debió quedar desencantado.

Al otro día acudieron los diputados zulianos a la hora prevista, me presentaron excusas por el comportamiento del resto de sus colegas la noche anterior. Manifestaron haber conocido a esos viajeros en el propio aeropuerto al abordar el avión. Me dijeron no haber tenido nunca idea del nivel de los integrantes de la delegación. No me extrañó lo de los diputados del Zulia porque esa noche en la residencia eran las únicas personas respetuosas y con una formación política más sólida.

Posteriormente supe, a través del Ministerio de Relaciones Exteriores libio, sobre una delegación de personas procedentes del estado Barinas que vendrían a la reunión anual de la Mathaba, organización nacida a comienzos de los años ochenta. Fue fundada para el reclutamiento y entrenamiento de terroristas. Es conocida su intervención en los sucesos que derribaron el avión del vuelo 722 de la UTA en 1989.

Estuve pendiente del grupo de venezolanos, pero jamás hicieron contacto con nuestra embajada. Más tarde me enteraría por fuentes gubernamentales que la mencionada delegación estuvo en Bengasi y posteriormente había vuelto a Venezuela. Pensé que dicha delegación no estaría interesada en que el embajador venezolano conociese de sus actividades en Libia.

II DE SEPTIEMBRE

Regreso a la embajada con el estupor producido por los acontecimientos de las Torres Gemelas de Manhattan. Es el acto terrorista más espectacular y dramático del que tengo conocimiento. Aún no se sabe el número de víctimas atrapadas bajo los escombros. Según las primeras investigaciones pareciera que detrás de este acto fundamentalista se encuentra la mano de Al-Qaeda. Los teléfonos repican en todo el mundo y surgen los primeros mensajes de solidaridad de los gobernantes. Me comunico con algunos colegas para comentar el hecho. Llamo al embajador argentino y le pregunté:

—¿Te enteraste de lo ocurrido?

—No, ¿qué pasó? –pregunta con curiosidad.

—Pues mira la televisión. Ha ocurrido un acto terrorista en Estados Unidos.

—¡Gracias, te llamo luego!

Todos en Libia condenan la acción terrorista.

Mientras reviso a través de internet las noticias aparecidas en la prensa internacional, entra mi secretaria de origen palestino como si viniera de recibir la noticia de un aumento de sueldo.

—¡Vio, embajador, el ataque contra los Estados Unidos! –me dice eufórica. Y sin esperar mi respuesta, agrega–: ¡Se lo merecían, esto es un triunfo para todos!

La miro con desagrado y mi deseo es pedirle que se retire

de mi oficina. Respiro hondo, mi mirada es una hoja afilada sobre su rostro.

—Detesto lo que ha ocurrido, señora. Condeno a quienes cometieron ese horroroso acto de terror…

—Pero, señor embajador…

—No hay justificación posible –la interrumpo–, han muerto miles de seres inocentes.

—Pero Estados Unidos se lo ha buscado, señor embajador. Su política contra el pueblo árabe y el apoyo a Israel, su intervencionismo en todo el mundo le ha generado enemistades a granel… ¿No lo cree usted, embajador?

—En ningún caso esa actitud puede justificar un ataque terrorista de esa magnitud. Las erráticas políticas de los Estados Unidos se combaten de otra forma. De lo contrario estaríamos aproximándonos a una tercera guerra mundial. Usted verá lo que vendrá de ahora en adelante –le respondo con desagrado.

—No lo sé, señor embajador…

—Estoy contra cualquier acto de terror para lograr supuestos objetivos estratégicos. Y por ahora, no quiero seguir hablando de esto. Me parece insólita su posición y no la comparto en lo más mínimo. Puede retirarse.

La veo alejarse y pienso que la crisis internacional se agudizará. En estos países la rabia contra Estados Unidos es grande. Gaddafi da sus primeras declaraciones condenando el hecho y reprime una manifestación en la Plaza Verde contra el gobierno estadounidense. La actitud de una parte del pueblo libio puede estropearle sus planes con EEUU en relación con el regreso de las compañías norteamericanas a Libia.

El jefe de los comités revolucionarios libios me llama por teléfono para solicitarme una entrevista porque viaja a Venezuela una delegación con el propósito de observar el proceso revolucionario y asesorar al presidente Chávez. La conversación sostenida con el alto funcionario resulta amena y me revela algunos secretos que me ponen tras la pista del carácter internacional de la revolución venezolana. Libia se ofrece a prestar todo tipo de ayuda: formativa e ideológica, estratégica y de entrenamiento, si es preciso. Está claro que uno de los objetivos fundamentales se dirige al fortalecimiento de los círculos bolivarianos. Preparo la visita y anuncio al Ministerio de Relaciones Exteriores de mi país la composición de los miembros de la delegación y redacto un informe de mis impresiones al respecto.

Al regresar de Venezuela, el jefe de la delegación libia, el Dr. Abdul, viene a la embajada para darme su impresión sobre las actividades realizadas en el país. Me informa haber visitado las parroquias San Juan, Caricuao (Instituto Ezequiel Zamora), Chacao, importantes círculos bolivarianos, destacando los de la Universidad Central, Valencia, Barquisimeto y Barinas. Resalta la importancia del de Caricuao y el de la UCV. Aunque reconocen como jefe de la revolución bolivariana al presidente Chávez, consideran sin embargo que el alcalde de Caracas les parece una figura prominente, les merece mucho respeto por su supuesta claridad ideológica y por su arrojo ante situaciones difíciles. El alcalde les ha contado cómo salvó el proceso para el momento del golpe de Estado del 11A. Según le refirió el funcionario, subió a los cerros de Caracas a organizar al pueblo para que bajara a la ciudad a respaldar a su presidente mientras a él lo buscaban en la embajada libia.

El Dr. Abdul cuenta con emoción su encuentro con Freddy Bernal; considera que es el verdadero líder de la revolución. Le encantó su discurso político contra el imperialismo norteamericano en el Parque Central, donde fueron invitados y homenajeados. El propio alcalde ofreció facilidades a los libios para viajar por todo el país a fin de que conocieran los principales círculos bolivarianos e intercambiaran ideas con relación a la estrategia política de enfrentamiento. Les asignó un vehículo de la alcaldía para el viaje. Sin embargo, el jefe libio declinó aceptar el ofrecimiento por considerarlo política y estratégicamente incorrecto.

—Señor alcalde –le dijo–, eso puede levantar suspicacias:

¿unos libios viajando por el país en un auto oficial de la Alcaldía de Caracas? Preferimos alquilar un automóvil para evitar problemas.

Así se hizo y fue como pudieron traerme sus impresiones de lo que acontecía en Venezuela. Abdul tenía una preocupación fundamental: los círculos bolivarianos estaban armados, me dijo el alto funcionario, y eso le preocupaba. Porque no todos sabían manejar un arma, lo cual resultaba peligroso, según él.

—Ya lo vivimos aquí en Libia a comienzos de nuestra revolución. Es una situación que podría revertirse contra ustedes mismos —expresó en forma categórica.

Me hizo ver el desorden existente a nivel de la organización política y la aceptación, por parte del Gobierno, de los arribistas del viejo régimen. Pero su preocupación fundamental se centraba en la composición del ejército venezolano.

—Hay que depurarlo —me dijo—, hay que descabezar a los generales comprometidos con los gobiernos anteriores, de lo contrario el Presidente se podría ver en problemas.

Y tenía razón, pensé: los que conspiraron contra Gaddafi y los del viejo régimen fueron encarcelados o desaparecidos. De los que tumbaron al rey Idriss, apenas quedan dos. Uno de ellos en funciones de gobierno y el otro tiene su propia casa por cárcel.

El Dr. Abdul me enteró de las entrevistas con el Presidente, a quien le pidieron venir de nuevo a Libia. El gobierno libio necesitaba un apuntalamiento de otro gobierno revolucionario. En sus planes estaba, según pude apreciar, utilizar a Venezuela como puente para que a Libia se le facilitara el acceso al resto de Latinoamérica y así poder establecer embajadas en países clave de la región.

El Dr. Abdul habló poco sobre el discurso del Presidente en el Parque Central; se le notaba su entusiasmo por el del alcalde. Sin embargo, me contaba Abdul que en un momento de su discurso el Presidente se quitó una franela roja y se puso una del equipo de Brasil.

—Mañana vamos a ganarle a Alemania —dijo Chávez participando de la euforia originada por el Campeonato Mundial de Fútbol de ese entonces. Luego agregó—: Por allí andan los hermanos libios. Por cierto, estoy aprendiendo árabe: "¡Asalai-malecún!" —gritó, y, como siempre, la gente le rio la ocurrencia.

El Dr. Abdul me cuenta de su entrevista con la prensa venezolana. Fue parco en sus declaraciones para no dar origen a malos entendidos en la población. Considera que hay peligro para el Gobierno y el Presidente por una férrea oposición. Se reunieron dos veces con el alcalde de Caracas y en tres oportunidades con el coordinador político del régimen, el señor García Ponce. Finalmente agradeció al alcalde de Caracas una condecoración que le impusieron y un regalo: la edición especial del Discurso de Angostura de Simón Bolívar, con el propósito de que lo tradujera al árabe.

Cuando el alto funcionario dejó la embajada me quedé pensando que tarde o temprano se presentaría un enfrentamiento entre los venezolanos, y por algunas referencias ya conocidas, desde el ministerio y a través de la prensa internacional, me di cuenta del entendimiento del presidente Chávez con Fidel Castro, con lo cual se establecía una relación triangular entre Venezuela, Cuba y Libia.

¡VOLVAMOS AL PASTOREO!

Me preparo para asistir al Primer Congreso Popular del Pueblo, a donde fuimos invitados los miembros del cuerpo diplomático. Es un evento especial que se celebra cada año. Allí habla el Líder y hace un balance de su gestión y de los logros de la revolución. En los días de celebración de dicho congreso, en Libia hay revuelo: se cierran los aeropuertos al menos por dos días. Todos los empleados públicos deben asistir, y si no lo hacen, no tendrán derecho a sacar partidas de nacimiento y otros documentos de interés, o serán cerradas sus tiendas. En general la vida se les dificulta a todos. En cualquier régimen donde las libertades sean conculcadas la gente se las ingenia para evadir los controles. Desde hace muchos años ya los libios no asisten masivamente a estos congresos; se encargan de justificar su ausencia o hacen que otros hagan acto de presencia por ellos. El Congreso Popular del Pueblo se realiza en pleno centro de Trípoli, frente al mar Mediterráneo. En esta época el comercio libio cierra para facilitar a la gente su asistencia. Gaddafi aparece en un momento dado para dar su discurso y sacar las conclusiones del trabajo de todos sus miembros. En esos días la prensa destaca un problema: los funcionarios públicos reclaman un aumento de sueldos y salarios.

Gaddafi hace su entrada entre grandes aplausos. Viene vestido con atuendo de lujo, esta vez de color verde brillante.

Saluda con su puño en alto y sube al estrado preparado para iniciar su discurso.

Gaddafi fustiga la corrupción de la administración de su gobierno. Cree que es innecesario un aumento de sueldos y salarios para los empleados públicos. Los llama hipócritas, los acusa de utilizar sus puestos para sobornar a las personas que requieren de sus servicios. La impresión que da en la población es que la gente a su alrededor no ha tomado conciencia del gran compromiso revolucionario. Por eso existen corruptos, según él. Los defectos y la culpa pertenecen a los demás. El problema no es él sino quienes lo rodean. El pueblo también se lo cree.

—¿Para qué quieren entonces aumento, si se enriquecen en las taquillas del Gobierno? –interroga el Líder. Reclama a todos la falta de educación al mantener asquerosa la ciudad. Botan la basura en la calle, manejan mal, son gastadores empedernidos, fustiga con su verbo. Habla de crear un banco para financiar a los más necesitados–. No tendrán sueldos sino préstamos que deberán pagar con su trabajo, así se evitará el contacto directo con el dinero de otros –enfatiza con una ocurrencia que pareciera haberla inventado en ese momento. Habla de lo extraordinaria que era Libia cuando no existía el petróleo, propone cerrar los pozos petroleros y vivir como antes de los años cincuenta, sin el preciado recurso, dice, en un alarde demagógico–. Total, más es el tiempo que hemos pasado sin petróleo, viviendo sólo de la agricultura y el pastoreo –apunta. Los propios corruptos aplauden hasta rabiar.

Mientras Gaddafi hablaba, yo recordaba al profesor de la universidad de Libia que conocí hace unos meses: investigador de la universidad de Trípoli que logró crear, a través de injertos de algunas especies vegetales, un alto rendimiento productivo para algunos cultivos en parajes tan áridos e inhóspitos como los de Libia. Me ha dicho él que la ciudad está sucia porque esa es la forma de protestar contra el régimen: "No hay otra. Mientras no se hable y no se conspire contra el Líder, todo marchará aparentemente sin problemas. Quien se desmande contra

Gaddafi irá a la cárcel, eso lo sabemos los libios. La gente no habla, no existe oposición; en todo caso es muy precaria, ni partidos políticos. Los medios de comunicación pertenecen al Estado. Sólo un minúsculo grupo de disidentes vive en la frontera con Túnez, los beréberes, pero están controlados". Se habla de una insignificante oposición en Bengasi, aunque él piensa que crecerá con el tiempo.

—Nosotros pensamos que un día Gaddafi dejará de existir y entonces ya veremos. Por ahora no es mucho lo que puede hacerse –me dice el profesor, aunque las cosas han cambiado un poco; hasta hace diez años colgaban a los estudiantes en las universidades por protestar contra el régimen. Ahora no. Existe la pena de muerte, y, aunque no se aplica, la decretan sólo como una advertencia. Aunque muchos mueren por tortura en las cárceles.

—¿Por qué los libios no se van de Libia? –le pregunto a mi amigo.

—No hay razones para dejar este país. Gaddafi nos permite hacer los negocios que queramos, lícitos o no. El comercio es lo fundamental y existe un ingreso per cápita que supera los siete mil dólares por persona.

—¿Pero en qué gastan los libios su dinero, cómo se divierten? –insisto.

—Aquí la vida social se reduce a la familia, somos muy hogareños –afirma–. Tenemos nuestras fiestas, el ramadán, el sacrificio del cordero, etc.

Pienso en las palabras del profesor y entiendo su razonamiento, pues ha estado durante más de veinte años viviendo en el extranjero y el resto en su país, conoce bien su realidad.

—Cuando los libios quieren disfrutar de placeres mundanos toman un avión y se van a la isla de Malta, a treinta y cinco minutos de aquí. Allí gastan –habla como si no fuera libio– lo que quieren, juegan, se dedican a todos los placeres, y luego regresan cargados de objetos a seguir su vida ordinaria. Entonces,

¿para qué se van a ir de Libia si lo tenemos todo? –argumenta, esta vez pluralizando.

Recuerdo que le ofrecí la posibilidad de venirse a mi país a trabajar en la universidad, donde sería bien recibido por su especialidad y su prestigio, lo que negó enfáticamente.

—Aquí soy reconocido, me invitan a la televisión, a menudo viajo al extranjero. En cambio en otro país no me conocen y tendré que empezar de cero.

—¿Y cómo haces con este sistema de gobierno donde no puedes expresarte?

—Mientras no nos metamos con el Líder todo funciona, afirma con desdén. En ese momento de mi recuerdo estalla el estruendo de los aplausos para el Líder de la revolución libia y vuelvo a la realidad. Decido abandonar el congreso y me marcho a la residencia.

BAJO VIGILANCIA

La mayoría de los funcionarios públicos en Libia trabajan para la seguridad del Estado y reportan con frecuencia las actividades de los embajadores. Yo tenía dos choferes, uno libio y otro marroquí. Los dos se convirtieron en un dolor de cabeza. El marroquí por incumplido con su horario de trabajo. Siempre llegaba tarde e inventaba toda suerte de excusas. El libio, por su parte, informaba sobre mis actividades, pero yo no lo podía constatar hasta que un día me confesó la secretaria lo del espionaje como práctica normal del Gobierno. Lo llamé y amenacé con despedirlo si continuaba espiándome. Se me presentaba así la oportunidad de prescindir del chofer marroquí para dar un ejemplo —era un tipo perezoso e incumplido con su empleo— y el chofer libio debió pensar que si le volvía a llamar la atención lo botaría a él también. A partir de ese momento no generó más sospechas. Creo que no volvió a espiarme, o al menos lo fingió muy bien.

Entrevisto a un grupo de personas para sustituir al chofer despedido. Es difícil escoger. La gente en este oficio tiene muchos resabios. He entrevistado a varios choferes, sin éxito. Después de varios días permanezco sin conductor. Desde la embajada de España me recomiendan a un antiguo empleado que domina varios idiomas. Es un marroquí joven y apuesto que me causa buena impresión. Le hago muchas preguntas para sondear su personalidad. Me dice que su verdadera profesión es la de músico; toca el piano. Lo empleo de inmediato. Un personaje con esa sensibilidad me interesa.

En el cuerpo diplomático se comentaba que nuestros teléfonos estaban intervenidos; por eso nos cuidábamos de hablar sólo lo necesario. Un día pasé frente a un vetusto edificio y mi acompañante me dijo que allí quedaba el control de los teléfonos en Libia. Otro día salía de la embajada y observé un automóvil estacionado al otro lado de la calle. Adentro se encontraba un hombre que fingía leer.

Estoy paranoico, pensé, siento que me vigilan, que me espían. Al siguiente día, continuaba el mismo auto y el mismo personaje frente a la embajada. Decidí llamar a mi amigo Jamal, de Relaciones Exteriores, y amenacé con enterar a mi gobierno sobre la perniciosa práctica.

—¿Ese es el trato que tienen ustedes con un representante de la revolución bolivariana venezolana? –le dije, con toda la parafernalia del caso–. ¿Por qué no espían a los diplomáticos que en verdad conspiran contra ustedes? –agregué molesto.

—No es posible, señor embajador, me contestó apenado, debe ser una equivocación. Al siguiente día el auto y el señor habían desaparecido para siempre.

Cada vez que veníamos de Garaboulis regresábamos en la nochecita a Trípoli cansados y tostados por el sol. Después de ver las noticias y antes de dormir, chequeaba la agenda de trabajo de la semana. Dentro de esa rutina, sin embargo, logré sacar el tiempo necesario para leer cuanto podía. Me devoré a todo Vila-Matas, a Paul Auster, Roberto Bolaño, Kazuo Ishiguro, Antonio Tabucchi, Ricardo Piglia, Bernardo Atxaga, César Aira y Witold Gombrowicz, entre otros. Me llené de entusiasmo con esas lecturas y volví a la escritura iniciada en Venezuela y menguada ahora por los avatares de la diplomacia. Escribí cuentos y tomé abundantes notas que ahora me sirven para este texto. Los únicos interlocutores con quienes mantuve conversaciones sobre literatura fueron el agregado comercial Rafael

Sterling, el cónsul Miguel Gómez de Aranda y el embajador español José Luís Tapia. Intercambiábamos opiniones y nos sugeríamos lecturas. Cuando conocí a este último leía a Potocki, *Manuscrito encontrado en Zaragoza*, y luego *Paradiso*, de Lezama Lima, sobre el cual discutimos y destacamos su influencia en un cierto ámbito de América Latina. Éramos unos embajadores particulares por nuestros tipos de lecturas.

Pasearse por algún organismo público o por cualquier calle de una ciudad libia es tener la sensación de que un ojo poderoso te sigue y observa en el más mínimo detalle. La mayoría de los libios son informantes del Gobierno. Por eso reciben dinero. Los teléfonos de todos los empleados y diplomáticos se encuentran intervenidos. El edificio desde donde se realizan esas operaciones está en plena ciudad y la gente sabe que desde allí se escucha cualquier conversación privada. El aeropuerto de Trípoli es un vivo ejemplo de lo que cuento. Al llegar allí para hacer un viaje rutinario o un viaje internacional inmediatamente se nota a gente vestida de civil que te sigue a distancia pendiente de lo que haces y lo que hablas. En uno de esos momentos me acerqué a un hombre que no disimulaba el seguimiento de mis pasos y lo increpé:

—¿Usted requiere algo de mí? –le pregunté con sorna.

Como siempre, cuando los descubren se ponen nerviosos y no encuentran qué explicación dar.

—No, señor embajador, sólo estoy pendiente por si requiere de algo. Me han destinado para que resuelva cualquier cosa que usted pudiera necesitar.

—Me lo hubiese dicho al entrar y no habría sentido la incomodidad como si me estuvieran espiando, ¿no es así? –le dije con ironía.

—Sí, tiene razón, es que no quise molestarlo.

—Por el contrario, me indigna su actitud –le dije, y seguí caminando.

El aeropuerto tiene dos niveles y al entrar uno se da cuenta de inmediato de que encima nuestro se ven una serie de personajes a lo largo del pasillo superior ubicados en distancias que van de un par de metros y más. Desde allí miran con insistencia y observan el desplazamiento de los viajeros. Algunas veces los embajadores nos divertíamos viéndolos y fijándoles la mirada para incomodarlos.

En los restaurantes sucede igual: fingen ser amables y amigos de los diplomáticos, pero cuando te descuidas te están sacando información de una manera que no te darías cuenta si no supieras lo que sucede por todas partes.

Más de una vez conversé con un alto funcionario que me atendía cada vez que iba al Ministerio de Relaciones Exteriores y me quejaba de esa situación. Terminaba justificándome la acción diciendo que había muchos conspiradores contra la revolución.

Por varios meses, mientras iba a Túnez a sacar el dinero de nuestra embajada, me requisaban en el aeropuerto para entrar y salir. Los dejaba tranquilos hasta que les mostraba mi pasaporte diplomático y pedían mil excusas.

—Me voy a quejar al Líder —les decía, y se ponían muy nerviosos y trataban de darme todas las excusas y comodidades del caso. En varias oportunidades obtuve puesto en primera clase por sus metidas de pata. Entonces realizaba el viaje con toda suerte de atenciones.

Pese a todos los privilegios que tenía como embajador de la revolución bolivariana y las consideraciones que emanaban de la cancillería libia, nunca pude sentirme con la libertad que palpaba al salir a Túnez o en un viaje ocasional hacia un país europeo. En mi regreso sabía que llegaba a un país carente de libertad plena.

Uno termina volviéndose un paranoico o comienza con la manía persecutoria, pero no es para menos. Llegas a ver fantasmas que te espían en todas partes. El colmo de mi malestar apareció el día en que el Líder me obsequió el automóvil. Al invitar a mi mujer para dar un vuelta por la orilla de la playa le dije antes de entrar:

—Prohibido hablar mal de Gaddafi dentro del auto, no sé si hay micrófonos instalados. Para él emitiremos sólo buenos conceptos.

Ella se echó a reír y luego dentro del auto iniciamos un diálogo surrealista sobre las bondades de Gaddafi que nos produjo tal hilaridad que tuvimos que parar y bajarnos como dos locos a reírnos en la calle mientras los conductores de carros que pasaban nos saludaban por nuestra felicidad.

Antes de entrar de nuevo al auto le manifesté a mi mujer que adentro tampoco podíamos hablar mal de Chávez porque nos podían acusar con los espías y mandar el reporte a Venezuela, incluyendo la grabación. Estas palabras surtieron el mismo efecto y esta vez tuvimos que poner en práctica nuestros conocimientos de yoga para controlarnos y poder regresar a la residencia sin desternillarnos de la risa. En uno de esos días en que me encontraba en el aeropuerto para recibir a mi familia procedente de Venezuela, se me acercó un joven de unos treinta y tantos años y me saludó con amabilidad. Luego recordé haberlo visto hacía meses en una recepción en la embajada de Japón. Al despedirme, me dijo en tono afable, pero con la intención de lanzar un claro mensaje:

—Señor embajador, veo que a usted le gusta mucho la playa y también conducir el jeep de la embajada. Cuídese mucho, mire que Garaboulis es una lugar solitario; allí no hay protección para usted.

Me quedé estupefacto, no pude detenerme para decirle un par de cosas porque en ese momento vi salir a mi hija Aymara de la oficina de inmigración.

RESISTENCIA FAMILIAR

Cuando mi familia llegó a Libia yo estaba justo a punto de mudarme a la nueva residencia. Conjuntamente con la contratación de unos obreros africanos y egipcios, mis hijos se integran a la ardua tarea. Mi mujer desafortunadamente llega dos días antes de la mudanza cuando la antigua casa fantasmal está patas arriba, lo cual le causa una impresión nefasta. Por suerte se integró al arreglo de la nueva residencia al estilo clásico occidental, como nuestros propios hogares en Venezuela, aunque con algunas concesiones al estilo islámico. A partir de ese momento pudo hacer planes para retribuir las visitas de mis colegas. Mis hijos, Alejandro Rafael, Aymara y José Ignacio, a quienes les pedí controlasen a los obreros de la mudanza, vivieron momentos de angustia por la forma burda y tosca en que ellos trataban el mobiliario y los objetos de valor. No obstante se quiebran vidrios y se producen raspaduras en los muebles restaurados. Un incidente pudo costarle la vida a mi hijo menor por negligencia de uno de los obreros. Desde la azotea –lo considerábamos como el cuarto piso–, y tratando de bajar un pesado tablón de mesa con un mecate, a un obrero se le escapó de las manos cayendo justo frente a mi hijo Nacho, a escasos centímetros de su humanidad. Me enfurezco, miro hacia arriba y veo al obrero riéndose como si hubiese sido una gracia. El sentimiento trágico de la vida de Unamuno se aloja en mí, e imagino una tragedia que pudo habernos ocurrido en ese país lleno de precariedades.

María Inés nunca estuvo de acuerdo con mi viaje a Libia. Yo en cambio veía una posibilidad de contribuir con mi país en un campo en el que había trabajado toda mi vida. El petróleo era el centro de nuestra economía y Libia uno de los países investigados por mí en la universidad. Ahora tenía la posibilidad de estar en el propio lugar y ver directamente lo que allí sucedía. El problema de fondo radicaba en que mi mujer no compartía un ápice la política del Gobierno, no veía en Chávez la capacidad necesaria para asimilar los cambios que se daban en el mundo actual. Sin contar con el carácter autoritario y la ética del propio Presidente como ser humano. Fueron intensas discusiones para llegar a un acuerdo y poder viajar. Me fui solo, ella viajó a Libia tres meses más tarde para pasar junto a nuestros hijos las navidades de ese año 2000. Su llegada coincidió con la agotadora mudanza. Ellos participaron en una tarea tan fatigosa cuando debí haberlos recibido con todas las comodidades. Hubo intensas discusiones entre nosotros dos. Ella repetía a menudo: "No entiendo nada". Me reprochaba el hecho de ser embajador, no sólo de un militar, sino además en un país de un gobierno dictatorial. "No entiendo nada" fue siempre el ritornelo de su angustia.

Hice un esfuerzo para hacerla comprender que se trataba de una misión temporal. Me sentía en la obligación de dar lo mejor de mí para el desarrollo y mejoramiento de las relaciones diplomáticas entre Libia y Venezuela, prácticamente inexistentes.

—No soy embajador de un presidente, lo soy de Venezuela –le decía.

—Eso es un eufemismo tuyo.

—Cuatro años pasan volando –insistía–. Mírale el lado positivo a la cuestión. Aquí puedes realizar tus investigaciones, permanecer en contacto con la universidad a través de internet –le aseguraba, pero me estrellaba contra todo tipo de argumentos.

Sin embargo, María Inés terminó sacrificándose. Al regresar de vacaciones de Navidad solicitó su año sabático y volvió a Libia para acompañarme, esta vez durante un año. Se ocupó denodadamente de acondicionar la nueva residencia, de ponerla a tono con las exigencias diplomáticas. Quería que todos los invitados se sintieran como en su casa, y lo logró. Hizo amistad con las esposas de algunos diplomáticos, ganó afectos importantes que aún perviven. La residencia del embajador de Venezuela volvió a tomar la calidez que le faltaba, pero sobre todo hizo más llevadera la vida de nosotros en ese mundo tan diferente del nuestro. De vez en cuando protestaba y se deprimía por la situación política del país.

—Esto cada día va de mal en peor —rezongaba.

Sus explicaciones tenían asidero en los hechos diariamente ocurridos en Venezuela, que yo no los veía como ella. Algunas veces las discusiones sobre el gobierno de Chávez terminaron en profundos disgustos por tener puntos de vistas contrapuestos. Yo percibía en los discursos del Presidente las líneas generales para echar adelante un país donde existía una oposición desmembrada, sin planteamientos fundamentales que transformaran las viejas prácticas y cuyo único interés al parecer era la salida de Chávez, sin proponer una alternativa real, creíble, atractiva. Además, una minoría de esa oposición me parecía fundamentalista y golpista. Discutíamos acaloradamente sobre el discurso amenazante y soez del mandatario venezolano; en ese momento yo terminaba callándome porque en el fondo ella tenía razón. A medida que transcurrían los meses la tendencia autoritaria y el militarismo del Gobierno se hacían más evidentes.

—No hay peor ciego que el que no quiere ver —decía. Ella insistía en la sinrazón de mi estadía en Libia.

—Yo no voy a dejar mi trabajo inconcluso —le reprochaba. He iniciado unas actividades que debo culminar, me parece una irresponsabilidad regresar en este momento a Venezuela sin completar el plan que me tracé como embajador. Ten calma, déjame terminar mis funciones aquí. Son apenas cuatro años, el tiempo pasa volando —eran justificaciones que trataban de darle ánimo, pero a ella no la convencían mis argumentos.

Nuestros hijos estaban de acuerdo conmigo y criticaban a

su madre por su actitud pesimista. Cada vez que discutía con ella, sin embargo, me dejaba pendiente una reflexión. Muchas veces se acrecentaban mis dudas, que me sumergían en un mutismo de oscuridad. Las discusiones con mi esposa a veces eran agotadoras. No obstante, fueron más los momentos agradables y de disfrute con ella. Tuve muchas noches de insomnio pensando en esos momentos, comenzaba a sucederme algo similar como lo que me pasaba con el apoyo que una vez yo le di a la revolución cubana. Llegué a un punto en que no pude justificarla más; era imposible defenderla. Primero interiormente, y luego, políticamente.

LEPTIS MAGNA

$\mathbf{M}$i mujer y mis hijos han venido por poco tiempo. Quiero mostrarles los lugares que no pueden dejar de ver por su historia, por lo que han significado para esta nación. Pasé dos días para conseguir la autorización y dirigirme a Leptis Magna, la gran ciudad romana descubierta hace algún tiempo por una expedición arqueológica integrada por italianos. Son las ruinas romanas mejor conservadas en la actualidad. A ella se llega después de dos horas de carretera hacia el oriente del país.

Salimos temprano en la mañana con la idea de regresar antes del anochecer. Íbamos el chofer, mis tres hijos, mi hermano Alfredo, mi madre y mi esposa, quien seguía sin entender por qué permanecía yo en Libia y no en la universidad.

—Ya comencé un trabajo, no me gusta dejar las cosas a medio camino –le repetí por enésima vez para tratar de calmarla.

Me habían enviado la nueva Ley de Hidrocarburos para que emitiera una opinión técnica. Lo hice señalando las ventajas respecto de la vieja legislación, sobre todo en lo atinente a la elevación del monto de las regalías. En cuanto a la política externa, me atraía la concepción sobre el problema de la soberanía. Luego cambiarían las cosas en la forma de gobernar y actuar. Ella nunca estaba de acuerdo con mis planteamientos. Tenía respuestas para todo. De hecho, en la decisión familiar de aceptar el cargo de embajador en Libia, María Inés terminó plegándose por el apoyo que me dieron mis hijos. Mientras avanzábamos en el viaje les contaba la historia del país, de sus costumbres, de su geografía, de la belleza del paisaje y ella mostraba siempre, como la canción, una cruel indiferencia. Optaba por hacer chistes con mis hijos cada vez que se crispaban los ánimos.

Llegamos a Leptis Magna a eso de las 10:00 de la mañana. El sol brillaba como siempre. Al acercamos a la taquilla para comprar los boletos y entrar a la milenaria ciudad vimos con sorpresa que no se admitían cámaras a menos que fuesen autorizadas. La medida era para obligar a los turistas a pagar un monto bastante elevado si pretendían utilizarlas. No quedó más remedio, no podía irme de ese lugar, y mucho menos mi hermano, sin hacer las tomas correspondientes de aquella ciudad en ruinas tan espectacular.

La gran ciudad que fue una vez puerto fenicio, establecida en el primer milenio antes de Cristo en el principado de Augusto, había sido dominio colonial de Cartago, pero después que fue arrasada en la Tercera Guerra Púnica quedó bajo tutela romana durante el reino de Trajano. Leptis Magna y Tripolitania se convirtieron así en parte del Imperio Romano, y sus habitantes en ciudadanos romanos. El florecimiento de Leptis Magna tuvo lugar en la época de Septimio Severo (145-211 d.C.), primer emperador africano nacido en el seno de una familia de esa ciudad. En el siglo IV un sismo devastaría sus grandes monumentos. Toda ella está marcada por edificaciones de ese período. En 293-305 a.C., Leptis Magna fue capital de Tripolitania[16]. La dinastía de Severo terminaría con la invasión y ocupación de los Vándalos en 455 d.C, lo que marcó su final. La llegada de los árabes (642-643) acabó con la ciudades de Tripolitania con excepción de Oea, donde terminaron estableciéndose. La ciudad fue abandonada en el siglo XI y no fue sino

---

16 Tripolitania estaba constituida por tres ciudades: Leptis Magna (la más grande), Oea y Sabrata. Las reformas de Diocleciano, en 294-305, le dieron a la provincia de Tripolitania el estatus romano.

hasta el XX cuando se redescubrió por excavaciones foráneas, especialmente italianas. La ciudad yacía cubierta de arena, de aquí su impresionante conservación. Ahora es un sitio arqueológico de vital importancia.

Entramos por el imponente Arco de Severo, la ciudad se nos abrió en una larga calle adoquinada y nos sumergió de inmediato en una atmósfera de otros tiempos. La dimensión de grandeza de cada uno de sus monumentos nos hizo sentir seres diminutos. Otra vez sobrevendrían las preguntas ya trilladas, pero inevitables de ser recordadas: ¿Pero cómo pudieron construirla? ¿De dónde y en qué embarcaciones transportaron las moles de piedra caliza y mármol? ¿Cómo hicieron, desde el punto de vista técnico, para erigir los grandes monumentos? Una cosa quedaba clara: las espaldas de los libios y su fuerza de trabajo fueron ampliamente utilizadas para construir lo que allí se veía. Un día resulta insuficiente para visitar una ciudad como Leptis. Sin embargo tuvimos tiempo de ver los monumentos más importantes. Nos llamaron la atención el Circo y el Anfiteatro por su construcción y acústica; los Baños Públicos Adriánicos; el Fórum de Severo, donde pudimos apreciar la Medusa gigante y la cabeza de Nereida; el Mercado, la Palestra y, finalmente, el puerto, donde llegaban las grandes embarcaciones para revitalizar el comercio de la región. Ya al atardecer, cuando dejábamos la ciudad, imaginé la algarabía de aquella gente que recorría sus calles y el griterío en el Anfiteatro por algún sacrificio o festividad remota de otras edades.

Salimos de las ruinas conmovidos por la majestuosidad de la gran urbe que aún conserva su grandiosidad, como en sus viejos tiempos. Es difícil visitar un sitio como ese y volver a ser el mismo. Algo debió haber cambiado en nosotros. Regresamos a Trípoli casi en silencio.

EXTRAÑA CARTA DE AMOR

Hay revuelo en Trípoli. La noticia se ha regado como pólvora. Gaddafi anda hecho una fiera por la carta publicada en una revista londinense, escrita, según se comenta, por un palestino. Es una carta de amor (es la excusa, en verdad, ya que el trasfondo es político) dirigida por el periodista a la única hija del Líder, Aishah. Todo se traduce en una exquisita ironía, una gran metáfora contra el poder omnímodo del Líder. En ella el periodista hace una ingeniosa explicación de los errores del gobierno de Gaddafi y sus prácticas totalitarias. El Líder mueve cielo y tierra para desentrañar la seudonimia de la famosa misiva, obliga a Arafat a viajar a Trípoli a riesgo de enemistarse con él si no lo hace y ante el pueblo palestino también de no encontrar una explicación a la ofensa consumada. Arafat aclara el malentendido, asegura que ningún periodista palestino está detrás de esa carta. Otro día se corre la voz de que el heredero del trono de Arabia Saudita ha llegado de repente a la ciudad porque se sospecha que la fulana correspondencia ha sido escrita por un periodista saudita. Gaddafi exige explicaciones, trata por todos los medios de lograr que le sea entregado el periodista. El rey saudita se niega, sólo ofrece disculpas y la remoción del personaje en cuestión del cuerpo de redacción de la revista. Los ánimos son aplacados después de varios días, el Líder parece aceptar las acciones tomadas por el monarca de Arabia Saudita.

Gaddafi tiene a veces estos arranques. Es un hombre fuerte de carácter, cuando no le gusta algo lo dice y lo expresa con acciones. En una reunión de países árabes fuera de Libia se levantó de la mesa de negociaciones porque su proposición fue derrotada. Nadie pudo detenerlo y partió con su nutrido séquito hacia el aeropuerto para regresar a Trípoli.

En otra oportunidad pretendió mudar toda la administración de su gobierno a Sirte, su ciudad natal, y dejar en la capital sólo Relaciones Exteriores como en efecto ocurrió. Pero los empleados y profesionales de uno de los ministerios que trabajaban en un hermoso y antiguo edificio de construcción italiana, ubicado en la Plaza Verde, se negaban a cambiar de sede. El Líder, con la sangre fría que lo caracteriza, mandó buscar una grúa con una pesada bola de hierro que destruyó toda la sede en una noche. Ahora la administración pública se encuentra en Sirte, con excepción de la cancillería, que permanece en Trípoli. En el sitio donde estaba el edificio ahora hay un solar con sombrillas para tomar té en las tardes.

SIN MÚSCULOS PARA EL FÚTBOL

Algunos de los hijos de Gaddafi se le parecen en el carácter, sobre todo el futbolista. Recuerdo el impasse durante su viaje a la Argentina invitado por Maradona. Una vez arreglada las visas y la autorización para el porte de armas, la nutrida delegación de guardaespaldas llegó a Buenos Aires, pero al regresar fueron detenidos en el aeropuerto por traer más armas de las que habían declarado a las autoridades al entrar al país. Hubo intermediación diplomática, pero les fueron confiscadas dichas armas según lo referido por el propio embajador argentino.

El mismo hijo fue con el equipo de fútbol libio a jugar un partido amistoso a las Islas Canarias. La delegación era igual de numerosa. Un par de días antes del encuentro al futbolista se le antojó salir de las islas a ver un partido en Londres sin pedir los permisos reglamentarios para ausentarse y entrar de nuevo al país. Salió en su avión particular como si estuviera en Libia. Al regresar, el gobierno de España no lo dejaba entrar. Fue necesaria la intervención de su padre ante el gobierno español para lograr el objetivo del hijo caprichoso.

El equipo de fútbol libio es un conjunto modesto de jugadores que difícilmente podrá, al menos por un tiempo, optar por la Copa del Mundo. Sin embargo, la ilusión del hijo futbolista era retirarse del balompié en el estadio mundialista de Saint-Denis, en Francia. Deseo imposible de cumplir, primero porque el Mundial de Fútbol ya había tenido lugar en ese campo. Y en segundo término porque en caso de que en el futuro su equipo llegara a participar en un mundial, ya él estaría viejo para continuar jugando. Consciente de sus limitaciones, contrató a la misma compañía constructora del colosal estadio para que construyera una réplica en Trípoli y así poder jugar su último partido como si estuviera en el propio Saint-Denis. Yo vi el comienzo de esa construcción y no lo podía creer. La renta petrolera da para eso y mucho más, pensé.

Un día, con motivo a una recepción, conocí al futbolista caprichoso. Llegó con sus guardaespaldas y lo ubicaron en el segundo piso de la residencia. Fuimos escogidos unos pocos diplomáticos para conocerlo. Me llamó la atención su estatura, pero mucho más su delgadez. En ese momento pensé si podría ser un verdadero futbolista o una invención de su propio poder. Tuve la oportunidad de verlo jugar en un partido contra Túnez. Se desplazaba bien, pero sentía que el equipo jugaba para él y cuando tomaba el balón el resto de los jugadores parecían desplazarse con temor, tenían miedo de golpearlo y correr entonces con las consecuencias. En ese momento recordé a mi chofer libio, que un día me dijo:

—El equipo libio tendrá éxito cuando el hijo del Líder se retire; mientras tanto será un equipo mediocre. Todos juegan con miedo porque si lo llegan a lesionar, cualquier cosa les podría suceder.

A continuación me refirió el incidente en un partido jugado en Libia contra uno de los combinados africanos. Mucha gente llegó al país para acompañar a su equipo y en mitad del juego el hijo de Gaddafi fue abucheado porque el árbitro del partido le validó un gol que era ilegal; la policía disparó hacia las gradas y hubo más de 40 muertos.

En otra oportunidad el embajador de Argentina me invitó una noche para que conociera al entrenador argentino del equipo libio, a quien le pagaban una suma millonaria para tratar de hacer campeona a la divisa libia. Aproveché la ocasión para salir de mi duda:

—Dime la verdad, ¿el hijo de Gaddafi tiene condiciones para ser buen futbolista?

Su respuesta fue tajante:

—Él cumple con las condiciones técnicas de un buen futbolista, pero jamás llegará a serlo por falta de masa muscular —me dijo.

Yo tenía razón en haber pensado que su delgadez era un obstáculo. Luego hablamos de las posibilidades del equipo de Libia y me repitió más o menos lo mismo que había dicho mi chofer. El entrenador se sentía frustrado por el desorden y la falta de disciplina de los jugadores. Recordaba su primer día de entrenamiento al llegar al estadio cuando los jugadores fueron apareciendo cada cinco minutos. Luego les preguntó por sus fichas técnicas y ninguno las había traído.

Otro entrenador argentino que había precedido al actual se obstinó de tanta informalidad y aprovechó un juego internacional en un país africano para abandonar el equipo. Ganaba mucho dinero y le resultaba difícil renunciar en la propia Libia a riesgo de correr algún peligro por su decisión.

EN EL CONGRESO ÁRABE

El cuerpo diplomático se prepara para viajar al Primer Congreso Árabe en Sirte, la ciudad natal del Líder. Nos llevan como siempre al Hotel Al-Mahari de Trípoli, desde donde nos trasladarían en bus al aeropuerto. Hemos esperado al menos cuatro horas para que un avión ruso, muy viejo, un Tupolev, nos transporte a esa ciudad. Llegamos directo al congreso. Mi sorpresa fue grande al ver las modernas instalaciones y edificaciones del complejo. Ni siquiera las Naciones Unidas disponen de una sede tan espectacular como esta, construida por los italianos. Entramos a la gran sala de reuniones con el hambre devastando nuestras entrañas. No habíamos siquiera merendado y nos manteníamos sólo tomando agua. Pero al saber que conoceríamos a dos grandes personajes, luchadores por la emancipación de sus pueblos, se nos olvidó la fatiga. La larga fila de embajadores le fue dando la mano a cada uno de esos dos personajes. Yo estreché la de Arafat, temblorosa y teñida por el vitiligo, observé su abultado labio inferior, su rostro lucía un deterioro evidente que ya preconizaba su enfermedad. Luego me emocioné al estrechar la mano de Mandela, pensé en sus años de prisión y en sus luchas contra el *apartheid* sudafricano. Toda una leyenda viviente. Un hombre alto, vigoroso que no representaba su avanzada edad. Portaba una túnica de rayas que lo envolvía, sonreía con sinceridad; al menos así lo aprecié yo.

Tomé asiento al lado del cónsul español, un hombre de

opiniones lapidarias y divertidas, un anarquista por su forma de pensar. La inmensa sala tenía capacidad para cientos de personas. El Congreso del Pueblo ocupaba toda la semiluna posterior y los invitados estaban ubicados hacia los lados. Un amasijo de micrófonos destacaba en el centro de la sala, esperando al líder de la revolución libia. Al hacer su entrada Gaddafi, todos los presentes nos levantamos y se inició un estruendoso aplauso. Él haría una señal para aplacar al auditorio y así comenzar su discurso. Se refirió a la necesidad de formar un continente africano unido para luchar contra el imperialismo norteamericano. Propuso combatir la pobreza y cooperar con los países que tuvieran problemas de deuda externa. Prometió ayudar con petróleo a los países subdesarrollados construyendo y reparando sus vías de comunicación. A los más pobres ofreció dinero y planteó que la sede del Parlamento Africano fuera en las instalaciones donde ahora se encontraban. Habló de la democracia libia y manifestó su desacuerdo con las instituciones burguesas que celebran elecciones.

—Libia no cree en esas "elecciones" –dijo–. Nosotros no creemos en el voto, pero sí en el poder del pueblo; esa sí es la verdadera elección –agregó. En ese instante el cónsul español me dio un codazo; yo sonreí. Gaddafi continuó con su discurso y sometió a consideración una serie de proposiciones. El cónsul se me acercó y me dijo al oído con redoblada ironía:

—Embajador, ¿se imagina usted que las propuestas de Gaddafi provoquen un empate en la votación o sean rechazadas?

Tuve que tragarme la risa mientras el bosque de manos se levantaba para aprobar por unanimidad todas las demandas del Líder, entre aplausos y vítores masivos.

Salimos del congreso a las siete de la noche directamente hacia el sitio donde estaba prevista la cena. Era una carpa gigante para dos mil almas y un grupo de embajadores escogimos las mesas al azar. En la nuestra se encontraban los diplomáticos de Malta, España, Holanda y Cuba. Estábamos frente a una tarima donde se presentarían grupos musicales de toda África. El frío era terrible, pues la carpa carecía de calefacción. La cena no podía comenzar sino hasta la llegada del Líder. Y mucho menos el espectáculo. Fue a medianoche cuando Gaddafi apareció, dándose inicio al acto y a la cena. Mi sorpresa fue grande al escuchar el anuncio del animador del evento:

—Con ustedes, Miriam Makeba –dijo.

Pensé que era una broma del presentador, pero al hacer su entrada aquella mujer me deslumbró; para mí era ella resucitada. Siendo apenas un adolescente la había escuchado hasta la saciedad; se había puesto de moda con su canción del Pata-Pata. Ya adulto al oírla de nuevo pensaba en la famosa cantante desaparecida, pues habían transcurrido tantos años que era probable que ya hubiese muerto. La vi de cerca y me sentí contento porque su voz era tan bella como siempre. Su cuerpo apenas lucía más robusto, pero su belleza se mantenía incólume. Antes de interpretar la famosa canción, que dedicó al jefe de la revolución libia, dijo orgullosa estar cumpliendo sesenta años. Aplaudimos, me sentí emocionado y recordé al tío Ramón, que me había hecho conocer aquel hit musical de entonces cuando por mucho tiempo lo ponía casi todos los días en su viejo tocadiscos de brazo y mástil plateado.

La gran fiesta africana terminó cerca de las tres de la madrugada. Regresamos a Trípoli en el viejo avión ruso. Una tormenta me hizo pensar por quincuagésima vez que no llegaríamos a destino. Aquellos aviones eran muy viejos, ya sabíamos del accidente de uno de ellos en las montañas de Irán. Pero otra vez el milagrito de siempre volvió a funcionar y aterrizamos en Mitiga, el aeropuerto militar, a las cuatro de la mañana. Allí esperaban los pobres choferes exhaustos y muertos de hambre para devolvernos a nuestros hogares.

CRECEN LAS DUDAS

A veces me preguntaba qué sentido tenía una embajada en Libia. Más allá de las relaciones diplomáticas dudaba de su utilidad práctica tratándose de dos países que carecían de relaciones comerciales y que sólo hablaban de sus intereses comunes en la reunión anual de la OPEP con relación a los precios del petróleo. ¿Qué sentido tenía entonces mantener unas oficinas y una residencia, más los sueldos de los funcionarios que ascendían a unos cuantos miles de dólares, para suscribir acuerdos ocasionales y extender una que otra visa para salir o entrar al país? ¿Cuántas embajadas no estarían en la misma condición?, me preguntaba. Por esa razón me dediqué a organizar la embajada, la residencia e implementar una comisión de estímulo al comercio y trabajar por un real intercambio entre los dos países.

Por otra parte insistí en explicar ante el mundo diplomático las bondades de mi gobierno, los cambios políticos que se estaban sucediendo, aunque cada vez con menor convicción dado el desarrollo de los acontecimientos políticos en curso y los que veía venir. Trataba de convencerme a mí mismo de que mis sospechas eran infundadas y los problemas no eran más que obstáculos naturales de un proceso revolucionario inédito que debía actuar contra viento y marea para poder superar las trabas impuestas por una vieja dirigencia que no quería renunciar a sus privilegios, pero la realidad se encargó de demostrarme lo contrario. El Gobierno que representaba se fue convirtiendo en intolerante contra quienes no compartían sus puntos de vista sobre el quehacer económico y político. Las transcripciones del *Aló Presidente* me llegaban plagadas de ataques contra sectores productivos privados y una monopolización cada vez más creciente de la cosa pública por parte del Estado. La militarización de la administración pública me preocupaba sobremanera. La tendencia a potenciar la violencia entre los distintos sectores sociales me lucía descabellada. Y el lenguaje del Presidente era cada vez más intimidatorio contra los sectores que lo adversaban, sin contar con el carácter soez y amenazante de su discurso. Traté de comprender este comportamiento y lo justifiqué hasta donde pude, pensando que las cosas debían cambiar en un futuro cercano. Pero un ser normal con independencia de criterio, aun cuando comparta una causa política, no puede alienarse ante los desafueros de su dirigente fundamental. Mi convicción democrática se fue enfrentando poco a poco al carácter antidemocrático y autoritario que asumía el Gobierno y su presidente.

Terminé convenciéndome de la espiral peligrosa en que se había embarcado el proceso denominado "revolucionario". Cada día surgía un nuevo enfrentamiento contra sectores de la sociedad civil y política. El hostigamiento se convirtió en un modus operandi que crispaba los ánimos y preconizaba una división entre los venezolanos.

Mi mujer insistía en el deterioro político que se avecinaba y no perdía oportunidad para repetirme un trío de palabras que se convirtieron en una constante advertencia:

—Te lo dije...

Mientras tanto me ocupaba de distraerla conociendo el territorio libio y saliendo con ella por los mercados de la Medina. Hay momentos en que la actividad diplomática agota por el sinnúmero de variadas y múltiples actividades que debe atender un embajador. Justo en uno de esos días calurosos en que debía asistir a un congreso donde hablaría el Líder, me sentí fatigado y decidí no atender ese compromiso. Salí con mi mujer a disfrutar de la brisa fresca a la orilla de la playa, a lo largo del paseo que bordea la autopista costera de la ciudad de Trípoli. Mientras caminábamos un vehículo se estacionó delante de nosotros. Salieron dos mujeres, una de ellas era la empleada de la embajada venezolana, la que tenía el problema con la hija, acompañada de otra mujer, alta y buenamoza.

—Señor embajador –dijo alegre la empleada–, disculpe, conozca a fulana –me dijo, como si me hiciese un regalo.

—Mucho gusto –dije desde la calzada, y mi mujer inclinó la cabeza para saludarla. De inmediato la amazona me increpó con su sonrisa de leve ironía:

—¿Y se puede saber qué hace usted aquí, señor embajador? Se supone que usted debería estar en el congreso escuchando a nuestro Líder, ¿verdad? –preguntó con toda mala intención.

—Eso mismo me pregunto yo de usted: ¿por qué no está cuidando a su Líder en este momento? –le dije con redoblada ironía.

—Porque sé lo que dirá, repite más o menos lo mismo todos los años. Hoy decidí tomarme un descanso –y largó la risa.

Ambas se subieron al auto y se marcharon perdiéndose en la profundidad de la vía. Me quedé con la curiosidad de saber qué pensaría Gaddafi si supiera lo que dice una de sus amazonas de él.

RUMORES LEJANOS

La prensa venezolana está llena de noticias preocupantes sobre el Gobierno. Se observa una escalada de la corrupción y un Estado que se hace cada vez más grande con la creación de nuevos ministerios e institutos. Del propio Ministerio de Relaciones Exteriores algunos amigos me escriben preocupados por el enfrentamiento que se avecina entre los venezolanos. Hay un acercamiento particular a Cuba y hacia los países árabes. El Gobierno deja ver cada día más su inclinación por un sistema socialista o filocomunista. Se parece mucho al gobierno de Castro en sus comienzos y la tendencia que este siguió pocos meses después que la revolución cubana llegó al poder. Así lo hizo Castro al inicio; luego cambiaría radicalmente.

Hoy he recibido noticias de mis amigos del T'Café de Mérida y confieso que he sentido nostalgia de los momentos vividos en nuestras discusiones sobre política y las predicciones o aspiraciones por una Venezuela mejor. En eso, recibo un oficio de la cancillería de mi país con instrucciones de preparar la visita del mandatario venezolano a Libia prevista para el domingo 14 de octubre de 2001. Ya él había venido a esta región en otra oportunidad (febrero de 2000) y su viaje a los países árabes levantó una polvareda política por las alianzas establecidas con jefes de Estado implicados en actos terroristas. Fue emblemático su paseo por la ciudad de Bagdad acompañado del propio presidente Hussein. En aquella oportunidad el mandatario de Libia lo recibió con honores e hizo un recorrido por las calles de Trípoli como si hubiese sido un carnaval. El presidente venezolano departió con la gente en las calles y barrios de la ciudad como si estuviera en la propia Caracas. Mientras tanto la prensa venezolana descargaba sus ataques contra el jefe de Estado venezolano[17].

Uno de los acontecimientos más interesantes de gran responsabilidad en una misión es la preparación de la visita del Presidente. El evento debe ser organizado al menos con seis meses de antelación. Se trata de elaborar una agenda, de enviar un informe para enterar a quienes vengan sobre aspectos socioeconómicos, políticos y culturales del país anfitrión; deben elaborarse acuerdos que deberán ser firmados por ambos mandatarios y proponer una serie de actividades para el Presidente y su comitiva. Posteriormente se avisa con tiempo de las proposiciones hechas por el embajador y a través de una comisión se aprueba definitivamente el plan de visita. Es quizás uno de los momentos más dinámicos porque se trata del jefe de Estado, para quien debe salir todo bien.

Mientras preparaba la visita del Presidente a Libia me preguntaba cuáles serían las razones que animarían a Chávez para acercarse a una dictadura dirigida por un personaje tan controversial y déspota como Gaddafi. No era un país con el que podíamos establecer una relación comercial productiva porque nada teníamos para intercambiar que resultara rentable entre ambos países, a menos que a Chávez le interesaran los dátiles y los camellos, o a Gaddafi las aguas del Orinoco. Nos parecíamos en que éramos regiones petroleras con intereses comunes a defender en la OPEP, pero aparte de allí nada nos identificaba. Por esa razón dudé de la pertinencia de nuestra embajada en Li-

---

17 "El Presidente, enterado de la polémica que ha suscitado el espectacular viaje que realiza, dio desde Bruselas un argumento terminante: 'Este viaje es muy importante para el mundo'". Democracia y desarrollo, informes sobre Venezuela, octubre 17, 2001 (venezuelatoday.org).

bia. Del petróleo nos ocupábamos a través de nuestro representante en la organización petrolera, no había entonces motivos de aprovechamientos de ventajas comparativas o competitivas con Libia. Hurgando en las razones políticas que pudieran justificar una alianza entre ambas naciones recordé el viejo refrán que un día le escuché decir a mi abuelo paterno: "Los burros se juntan para rascarse". Entonces comencé a entender un poco más los propósitos de nuestro jefe de Estado. Conocía la debilidad del Presidente por quienes habían tenido históricamente un rol de importancia heroica en sus países. Era el caso de Fidel. Con Gaddafi estaría jugando a favor de él lo que significó su papel en el año 1969 al dar un golpe de Estado y deponer al rey Idriss y hacer una revolución en contra del imperialismo norteamericano. Esto ya era un aval como para amar a Gaddafi. Quien combata al imperialismo norteamericano se gana automáticamente la solidaridad del presidente Chávez y un viaje a Venezuela. Pero hay además un problema de identificación estrecha con el líder libio. Esa personalidad de Gaddafi caracterizada por ser un hombre rudo, sin consideraciones a la hora de deshacerse de sus más estrechos colaboradores por el medio que fuese, su forma de gobernar a los trancazos insultando e imponiendo su criterio a como dé lugar, nacionalizando compañías petroleras y expropiando a empresas de todo tipo, irrespetando a los ciudadanos que piensan diferente de él, manejando el dinero de los libios a su antojo, aplastando al enemigo que disiente, todas estas características tuvieron que generar en Chávez un placer exquisito y producir en consecuencia una identificación con el personaje mítico de marras. Gaddafi era su propio par, ambas patologías se unían en una sola y se elevaban a las cimas del delirio. La megalomanía y el lugar que les tendría reservado la historia jugaban un papel importante en esa identificación. Todo esto sin contar la represión que se ha vivido siempre en Libia, la tortura a los presos políticos, la desaparición de militares y ejecución de altos funcionarios que hacen del régimen de Gaddafi un régimen de terror. Un gobierno en donde la democracia es un concepto proscrito. ¿Cómo puede establecerse entonces una alianza con un personaje como el que describimos? ¿Qué sentido tiene que nuestro presidente honre a Gaddafi y deshonre a nuestro Libertador entregándole el símbolo por excelencia de la libertad de los pueblos latinoamericanos a un tirano: la espada de Bolívar? ¿Este hombre que confesó haber derribado el avión de Pan Am, donde murieron 250 pasajeros, un hombre que eliminó a 10 de los 12 generales que lo acompañaron en el golpe de Estado, un hombre que hasta hace dos décadas guindaba a los estudiantes disidentes por el cuello con garfios y los exhibía en el campus universitario, un hombre que ordenaba cortarles las manos a quienes robaban, es el digno depositario de la herencia revolucionaria de nuestro Libertador? ¿No constituye esta acción una burla contra el pueblo de Bolívar y sus instituciones? Pero me atrevo a pensar en algo más patético: el presidente Chávez no puede ver la sombra del Mal pasándole a un lado porque corre de inmediato a ver si puede establecer una alianza con Él. Sus principales contubernios con Irán, Irak y Bielorrusia, que son regímenes totalitarios en donde el respeto a los derechos humanos está confiscado, así lo demuestran. Son los templos del terror, dictaduras autoritarias que lo único que le aportan a Chávez como beneficio es fortalecerse en el poder, la solidaridad para permanecer anclado como presidente, pensando erróneamente que en una confrontación mundial (delirium tremens sin alcohol) Venezuela podría tener un papel destacado contra el imperialismo yanqui.

Estas reflexiones me apabullaban, pero antes de salir de mi país para ocuparme de la embajada de Venezuela comprendí que una de las funciones de la diplomacia internacional era tragar sapos enteros sin arrugar la cara. Sabía que la indigestión de estos batracios me esperaba con la visita del mandatario venezolano.

Fue una preparación en efectiva coordinación con la cancillería libia. Se trataba nada más y nada menos que del jefe de la revolución venezolana. Esta oportunidad resultaba de mayor importancia respecto de la primera porque no era una visita de cortesía como nuevo presidente, sino más bien un acto político de solidaridad entre dos revoluciones y el encuentro de ambos líderes que firmarían acuerdos políticos importantes. A medida que se acercaba la visita el embajador venezolano participó en programas de radio y televisión. Se transmitieron videos de Venezuela y de la vida del mandatario venezolano. La población estaba enterada. Unas semanas antes ya había afiches y pintas alusivas al presidente visitante en las calles de Trípoli. Se creó una expectativa por la posición del gobierno de nuestro país con relación a los Estados Unidos. Chávez representaba el gran desafío al imperio estadounidense y eso a los libios los hacía delirar.

Pero las cosas no salieron como las imaginé. Dos semanas antes de la llegada del presidente venezolano recibí con desconcierto una llamada telefónica del canciller Dávila suspendiendo la visita. La respuesta del ministro ante mi sorpresa fue muy clara:

—La gira no va —me dijo el alto funcionario, como quien cancela una cita para tomar café.

—¿Y qué excusa daré al gobierno libio, canciller? —pregunté.

—Pues que simplemente está cancelada, o que el Presidente debe regresar de Europa y estar presente en unas elecciones sindicales muy importantes para la causa revolucionaria venezolana.

—Pero esa no es una excusa que nuestro gobierno pueda dar a Gaddafi —dije sorprendido.

—Entonces invente usted una que sea mejor —me dijo secamente.

Ante la absurda decisión de la cancillería venezolana decidí viajar a París, en donde el Presidente haría una escala como parte de su gira por Europa, atendiendo la invitación de un grupo de personalidades de la Universidad de la Sorbona y de los medios de comunicación parisinos. Preparé un informe para el mandatario y el canciller con el propósito de argumentar la necesidad política de la visita del jefe de Estado venezolano a Libia. Como pude entregué mi informe al Presidente, que hacía gala de su popularidad en el proscenio del auditorio de la ilustre universidad firmando autógrafos, repartiendo besos y abrazos. Lucía impecablemente ataviado con un traje de alta costura. En la primera fila de asientos reservada para los ilustres visitantes del gobierno venezolano y sus invitados especiales, distinguí la figura solitaria del canciller Dávila antes de empezar el acto. No lo conocía personalmente pues había llegado a ser canciller después de mi nombramiento como embajador (antes el canciller había sido José Vicente Rangel). Me acerqué a él y sonrió pensando que tal vez se trataba de un personaje que quería conocerlo como miembro de la revolución. Lucía una persona presumida, rasgo que se acentuaría al saber quién era yo. Le extendí la mano y lo saludé.

—Mucho gusto, canciller, soy el embajador de Venezuela en Libia.

En lugar de regresarme el saludo por una elemental norma de cortesía con su embajador, se dirigió a mí como si yo fuera un soldado de esos que él tenía la costumbre de regañar y castigar cuando le cometían faltas en sus tiempos de cuartel:

—¿Se puede saber qué hace usted aquí? –preguntó mal encarado y presumido.

—Vine a expresar mi desacuerdo con la suspensión de la visita del Presidente a Libia. Me parece, desde el punto de vista político, una indelicadeza, sobre todo porque Gaddafi no va a entender cómo llegando a ciudades tan cercanas a Trípoli, como Argel y Roma, nuestro presidente no visite Libia.

El canciller me contestó con prepotencia:

—Usted tiene que entender que las giras se suspenden, eso es normal. Nosotros, por ejemplo, íbamos a Suecia y suspendimos el viaje.

—Tiene usted razón. El problema es que en menos de tres

meses hemos suspendido dos giras importantes, la del Presidente y la suya. Y eso tiene molesto al gobierno libio.

Como si lo hubiesen ofendido me respondió con intensa ironía:

—Claro, yo no pude ir a Libia porque a usted nunca se le encuentra allá y no se pudo concretar nada.

Experimenté la sensación de una bofetada y respondí conteniendo la rabia. Pero la expresión de mis ojos debió delatar mi estado de ánimo.

—No entiendo, canciller. Hace un año que no me ausentaba de Trípoli y mucho menos de la embajada. Probablemente usted se refiera a otro embajador –dije con discreta ironía y continué–: Yo le envié a usted todo un *dossier* con profusa información sobre Libia, hasta la agenda probable y las líneas generales del temario y hasta un esquema del discurso que usted podría dar a su homólogo de Libia. Jamás recibí respuesta. En cambio sí me llegó una comunicación suya dando las razones, nada convincentes, de la suspensión de su gira.

Él se dio cuenta de mi malestar, trató de intervenir pero yo no lo dejé. Le entregué copia del informe político que ya le había suministrado al Presidente aprovechando un momento antes del acto.

—Tenga usted, canciller –le dije–, mucho gusto, sólo vine a esto, debo regresar a Trípoli mañana mismo –agregué, me despedí y busqué ubicación en el auditorio.

¡Qué se habrá creído este pendejo!, pensé. Un hombre cuyo mérito principal para ser canciller ha sido el de ser un golpista que acompañó al Presidente en su fracasada intentona militar. Un hombre cuyo ascenso lo obtuvo haciendo *lobby* con los diputados del antiguo régimen a quienes ahora critica y denuesta…

Me alejé del canciller y me situé en la misma fila pero dejando varios asientos de por medio en espera del discurso de Chávez. El Presidente permanecía en el estrado observando a los que intervenían en el acto. De pronto le hizo una seña al canciller Dávila para que subiera mientras el director de *Le Monde*

Diplomatique, Ignacio Ramonet, sentado a una mesa con Petrás y otros líderes de la izquierda radical de Europa, continuaba su intervención de elogio al proceso venezolano y a la singularidad de su líder. Ramonet devolvía con creces los beneficios recibidos del gobierno venezolano en sus múltiples viajes al país con todos los gastos pagos y honorarios sustanciosos.

El Presidente estaba resfriado. Yo lo observaba desde mi asiento. Hubo un momento en que le susurró algo al canciller Dávila. Este se levantó muy diligente, se fue del escenario por la puerta del fondo para regresar unos instantes más tarde con un par de servilletas de papel que le entregó al Presidente, quien de manera discreta se sopló la nariz. Luego le devolvió la servilleta al canciller, quien la ocultó debajo de su silla.

Chávez inició su intervención algo romántica e intelectual, destacando la importancia de la universidad francesa y en especial de La Sorbona. Miró al techo del gran auditorio y posiblemente inspirado en los frescos de la cúpula comenzó a hablar con su mirada hundida en esos frescos que ilustraban la bóveda sobre grandes poetas y pensadores franceses. Mencionó a René Descartes, a Paul Verlaine, a Montaigne y a Juan Jacobo Rousseau. De pronto sacó de su bolsillo la otra servilleta de papel que le había suministrado Dávila (en ese momento pensé: ¡cómo es posible que el Presidente no tenga un pañuelo con ese traje tan costoso!]

—Me van a perdonar –dijo a los presentes con sinceridad pasmosa–, pero se me están saliendo los mocos.

El auditorio estalló en una estruendosa carcajada, aunque algunos rostros experimentaron un ligero rubor.

Regresé a Trípoli desencantado por los desplantes del poder, pensando en el fracaso de mis diligencias para que el Presidente tocara suelo libio. Aunque en lo más íntimo pensaba que aún quedaba una leve esperanza.

LA VISITA DE CHÁVEZ

Dos días más tarde del infortunado encuentro recibí en Trípoli una llamada desde Argelia a las 11:30 de la noche.

—¿Es usted el embajador venezolano?

—Sí, buenas noches, ¿con quién tengo el gusto de hablar?

—Es el canciller Dávila —me dijo—. Escuche, embajador, dijo con arrogancia, hemos decidido ir mañana a Libia a eso del mediodía.

Sentí un aire de satisfacción, pero al mismo tiempo era un fuerte desafío para mí.

—Me parece bien, canciller, sólo que son las once y media de la noche, todos los libios están durmiendo y debo localizar al secretario de Gaddafi, cuestión que estimo difícil por lo avanzado de la hora. Sin embargo lo intentaré, pero le advierto que de lograrse la visita ya no sería oficial: los libios han desmontado y cancelado todas las actividades previstas para el Presidente desde hace una semana.

El canciller me contestó secamente:

—Comuníquese con el Líder y póngalo en contacto con el Presidente, copie el siguiente teléfono, lo llamo en veinte minutos —ordenó como si yo fuese un soldado de su batallón.

Estaba en un aprieto, debía arreglar todo en breves minutos. Recordé al hombre de la tarjeta al presentar mis credenciales como embajador ante el gobierno libio; sus palabras resonaban en mi mente como un eco: "…llámeme a este teléfono cuando lo crea conveniente, yo mismo lo atenderé".

El problema era encontrar la tarjeta de presentación que me había sido entregada hacía meses. Durante mi búsqueda desesperada recibí dos llamadas más del canciller preguntándome por el resultado de mi gestión.

—Estoy en eso, le contesté con sequedad.

Finalmente pude hacer contacto con el secretario privado del Líder y los dos mandatarios hablaron sobre la visita del día siguiente. El canciller volvió a llamar:

—Embajador, ¿en qué idioma hablan allá? –preguntó.

Me dejó perplejo su pregunta, me provocó contestarle "¡en latín!". Me resistía a creer que nuestro canciller no supiera una cuestión tan obvia. Sin embargo quise pensar que se trataba de averiguar el idioma diplomático hablado en Libia. Un canciller que se precie de tal debía conocer todos estos detalles, pero como dice Oscar Yanes: "Así son las cosas".

—Aquí se habla en árabe, pero el idioma de la diplomacia es el inglés. Le siguen el francés y el italiano, recuerde que Libia fue colonia italiana, le espeté.

—Ah, muy bien, me contestó –espérese un momento, embajador. Lo escuché gritar: "¡¿Aquí hay alguien que hable inglés?!". Luego retomó la conversación y me dijo–: No hay problema, le voy a pasar al teniente fulano para que se ponga de acuerdo con él en algunos detalles. Escuché la voz del militar y, por su tono, parecía un hombre simpático.

—Mis respetos, señor embajador, soy el teniente Fulano de Tal, quiero que me saque de una duda: nosotros llevamos en la delegación a dos mujeres y quería preguntarle cómo haríamos para conseguir dos vestidos de esos…, de esos –repitió– que se ponen las mujeres árabes para taparse la cara y todo el cuerpo, ¿cómo es que se llama eso, embajador?

Por poco largo la risa, pero me contuve para poder contestarle:

—Usted habla de la burka, o del chador, o del *foulard*… ¡No, hombre, no se preocupe, teniente! Aquí sus mujeres pueden venir hasta en traje de baño. Las féminas libias usan hasta blue jeans, no se cubren completamente, manejan, van a la universidad, son más liberales que en otros países árabes.

—¡Ah, qué bien! –me contestó y soltó la carcajada.

A esa hora desperté a mis colegas embajadores para convocarlos a recibir al presidente venezolano en las próximas horas. Me sentí satisfecho con mi informe político y el efecto que había causado en el mandatario venezolano.

El avión presidencial llegó a las doce en punto del mediodía. Aun siendo una visita no oficial, sin embargo estaba parte del Ejército y había muchos invitados especiales, entre ellos mis colegas embajadores. Se escuchaban salvas de cañones y algunas voces militares organizando la formación de los soldados. La nave se detuvo y lanzó su lengua metálica, produciendo un sonido seco al contacto con la pista. Subí las escaleras del avión con el jefe de protocolo libio, el Presidente me esperaba en el marco interior de la puerta de la nave. Lo saludé, le pregunté por su salud y lo invité a descender a suelo libio.

La caravana de Mercedes Benz último modelo salió con el Presidente. Al dirigirme al auto oficial de la embajada sentí que me tomaban del brazo.

—Embajador, véngase conmigo, necesito hablar con usted para ultimar algunos detalles –me dijo el ministro de Energía y Minas.

Ya en el auto me preguntó por la situación política de Libia, los aspectos más resaltantes de su industria petrolera actual y otros datos sobre la vida del país anfitrión. Le manifesté que no se preocupara, que para eso yo estaba allí.

—Usted sabe cómo es Chávez, embajador, de pronto se le ocurre preguntarme algo en plena reunión y debo estar preparado en cuanto a los secretos que usted conozca sobre la industria petrolera libia que no aparecen en la información internacional.

Yo sonreí y él también. Mientras recorríamos las calles para llegar al búnker de Gaddafi, el ministro sonrió de nuevo.

—Usted sabe, embajador, les tengo miedo a los viajes en avión, y este "camastrón" [se refería al viejo avión presidencial] ya está obsoleto y hace bastante ruido. Yo en verdad no sé mucho de mecánica de aviones, pero sí he escuchado que algunas de las piezas deben ser remplazadas una vez que cumplen ciertas horas de uso. Precisamente hay una que es como el árbol de leva de los automóviles o algo así, y creo que está vencida [sonreí]. En estos días nos desviaron de la ruta, justamente por el ruido. La legislación sobre contaminación ambiental es muy estricta en algunos países europeos. Me quise quedar en Portugal, pero el Presidente no me dejó, y aquí estoy.

—¿Pero ha pasado algún susto en este viaje?

—Sí, uno, y muy serio. Fíjese, cuando fuimos obligados a desviarnos por el ruido del avión sobrevolando Suiza, nos hicieron meter dentro de una tormenta. Fue terrible, el avión se desprendió en caída libre unos cuantos metros y sentimos un golpe seco al detenerse. El Presidente se había ido a descansar minutos antes a su habitáculo y se quedó dormido, pero olvidó sujetarse los cinturones de seguridad en la cama. Al pasar el peligro se asomó, entreabriendo la puerta, y nos dijo:

—No me lo van a creer, pero estaba levitando –expresó sorprendido Chávez, ignorando que un incidente como aquel producía ese tipo de fenómeno. Igual lo utilizaba la NASA para entrenar a sus astronautas a gran altura haciendo descender abruptamente la nave, lo que trae como consecuencia que dichos astronautas queden flotando dentro del avión por algunos segundos. Así simulaban la falta de gravedad y realizaban prácticas para poder ir al espacio.

—Yo pensé para mis adentros –continuó el ministro–: ahora sí es verdad que nos jodimos, embajador, ¿usted se imagina a Chávez levitando? ¡Quién lo aguanta!

Yo largué la risa y el ministro sonrió con intensa picardía.

Fui testigo de excepción de la entrevista sostenida por los dos mandatarios en la que el presidente venezolano habló sobre la defensa de los precios del petróleo y despotricó en contra de los Estados Unidos hasta que se cansó. Destacó las coincidencias y objetivos de las dos revoluciones y la necesidad de estrechar vínculos políticos y estratégicos con el gran país africano.

Al terminar la entrevista un funcionario de protocolo se me acercó para decirme que Gaddafi nos invitaba a almorzar un couscous. Antes de atender la invitación el canciller Dávila me buscó y me dijo en voz baja:

—Le agradecemos mucho lo que ha hecho para organizar esta visita en tiempo récord. En verdad estimamos su diligencia.

Usted sabe que nosotros estamos aquí por su informe político, ¿no? –recalcó, tratando de darme una satisfacción y enmendando su inapropiado comportamiento en París.

De bolas, ¡cómo no lo voy a saber!, me provocó contestarle.

—Gracias, canciller –terminé diciéndole.

El búnker de Gaddafi es una ciudadela situada al sur de Trípoli, está rodeado por una muralla para protegerlo contra cualquier bombardeo estadounidense. Ya lo habían hecho una vez y la explosión de una bomba mató a su hija adoptiva. En esta fortaleza recibe a los mandatarios de otros países y ofrece sus recepciones opíparas. Dos grandes carpas constituyen los sitios donde pernocta algunas veces y celebra las reuniones oficiales. En una de ellas tuvo lugar la histórica entrevista.

Salimos de la carpa grande a otra cercana, donde almorzaríamos. El líder libio caminaba acompañado por el presidente venezolano, secundados por el traductor que venía entre los dos. Yo iba delante de ellos a corta distancia, pendiente de todo cuanto hacía y decía el mandatario venezolano; era una oportunidad histórica de cuyos detalles no iba a perderme. De repente el Presidente se detuvo, sacó de su bolsillo unos dados y dirigiéndose a Gaddafi le dijo, mientras le mostraba el par de objetos lúdicos ante la mirada de sorpresa del jefe libio:

—"Mojamar", probemos cómo anda nuestra suerte. ¡Tú sabes que ayer lancé los dados con Bouteflika, allá en Argelia, y me salió el doble seis! Eso es signo de buena suerte para nuestros pueblos. Vamos a ver cómo nos va a nosotros.

La cara de Gaddafi era un poema. Apenas terminó de pronunciar sus palabras Chávez lanzó los dados sobre el camino de tierra. Gaddafi seguía sorprendido sin saber cómo reaccionar.

—¡Fíjate, "Mojamar", qué suerte, salió el doble cinco!

El presidente Chávez recogió los dados, los sopló para quitarles el polvo de la tierra y se los entregó al líder libio. Este, desacostumbrado a juegos tan profanos, accedió sin embargo, cortésmente, y los dejó caer con timidez, obteniendo el mismo resultado. "¡Qué casualidad!", dijo Chávez. "¿Estarían arreglados?", pensé.

—¡Te fijas, "Mojamar", la suerte anda de nuestro lado, salieron los mismos cincos!

El Líder sonrió con una ligera distensión de la comisura de sus labios y continuaron caminando.

En el almuerzo sucedieron cosas todavía más particulares. Yo estaba al lado del ministro de Energía y Minas, un hombre inteligente y ocurrente, muy cerca de los dos líderes, observando todo cuanto acontecía. El Presidente hablaba sin parar y Gaddafi escuchaba atento, siempre con la mirada en lontananza.

—"Mojamar", ¿tú hablaste con Putin? —sin dejar que Gaddafi respondiera, continuó—: Porque yo hablé con él por teléfono para invitarlo a manifestarse a favor de la defensa de los precios del petróleo y me dijo que sí. ¿Has hablado con él? —volvió a preguntar el Presidente. Gaddafi respondió imperturbable intentando dejar bien clara su posición:

—El gobierno libio ha solicitado una entrevista con el primer ministro ruso para hablar, entre otras cosas, de los precios petroleros. Esa ha sido nuestra posición desde hace tiempo; aún no hemos recibido su respuesta.

—Yo voy a llamarlo de nuevo —insistió el Presidente— para que me aclare la posición rusa. Hace unos días leí una declaración de su ministro de Minas sosteniendo un planteamiento contrario al del propio Putin. ¡Eso no puede ser, quiero que me aclaren, pues...!

El presidente esperaba una respuesta de Gaddafi, pero jamás llegó. Entonces continuó:

—"Mojamar", ¿tú me autorizas para que en esta gira yo hable en tu nombre de la coincidencia del gobierno libio con la posición venezolana respecto a los precios del petróleo?

Gaddafi pestañeó, miró hacia lo lejos y respondió:

—El gobierno libio ha mantenido dentro de la OPEP una posición histórica de defensa de los precios petroleros. Veo a

Venezuela en la misma orientación –dijo lacónico el jefe de la revolución libia.

—Ah, muy bien –y preguntó cambiando de tema–: "Mojamar", ¿y el hijo tuyo aquel que estaba por graduarse de teniente?

—Ya se graduó –le respondió a secas.

—Yo tengo un hijo más o menos de la misma edad que el tuyo, ¿por qué no lo mandas a Venezuela a pasarse unas vacaciones por allá, y así viajan juntos y se divierten un poco en el llano? –preguntó. Lo único que le faltó a Chávez fue decirle que su hijo lo llevaría a casa de las putas, pensé.

Gaddafi sonrió y continuó almorzando.

Serían las cinco y media de la tarde cuando terminó la visita. Antes de dirigirnos al aeropuerto se presentaron los periodistas y fotógrafos para tomar la instantánea de la despedida. El Presidente y yo custodiábamos a Gaddafi. Chávez apresuró el acto protocolar, se ubicó frente al líder y mirándolo de abajo hacia arriba, por su menor estatura, lo agarró por ambos brazos, y le dijo en tono majestuoso:

—Muchas gracias por recibirme, hermano –Gaddafi miraba a lo lejos, como siempre–, tú no sabes cuánto te quiere el pueblo venezolano. Tu pensamiento es guía de nuestra revolución.

Luego sucedió algo insólito para mí, lo cual todavía me incomoda cuando lo cuento, como ahora. El Presidente me puso su mano derecha en uno de mis hombros como si yo fuese su amigote, y manteniendo asido a Gaddafi por uno de sus brazos, le dijo:

—¡Este es mi embajador, me lo atienden y me lo cuidan!

Gaddafi sonrió por la ocurrencia enseñando apenas dos dientes laterales.

Un incidente final vendría a cerrar la efímera estadía del presidente de Venezuela en Libia. Uno de los muchachos que acompañaba la delegación de mi país saltó el cordón de seguridad y corrió para ponerse al lado de Gaddafi con el propósito de que uno de sus compañeros le tomara una fotografía con el

Líder. Sus guardaespaldas lo agarraron y lo arrastraron como si fuera un saco de papas. Una señal de Gaddafi impidió que al joven lo golpearan y el presidente venezolano observó con el rabo del ojo como si nada hubiese ocurrido.

Al mirar el viejo avión perderse en el cielo libio, respiré profundo y agradecí que la visita hubiese sido de cinco horas y no de dos días, como estaba prevista inicialmente.

LA RUPTURA

Uno de los momentos que más influyeron en mis apreciaciones personales contra el presidente Chávez fue la despedida humillante de los gerentes y empleados de Pdvsa hecha por el mandatario de manera pública y desconsiderada. Estábamos en presencia de un jefe de Estado sin escrúpulos. El Presidente se me reveló como un hombre sin ética, sin respeto por el ser humano. Y allí comenzó un profundo cuestionamiento hacia quien conducía las riendas del Estado. ¿Qué clase de líder era este hombre? Esta situación me afectaba muy de cerca por tener a una cuñada que había detentado un alto cargo en el Intevep y fue despedida sin consideración alguna. A través de ella pude conocer en detalle los mecanismos perversos que privaron para prescindir de técnicos, empleados y ejecutivos valiosos que luego emigrarían hacia otros países, aunque algunos enfermaron, otros enloquecieron o murieron y varios se suicidaron.

Comenzaron a surgirme una serie de preguntas que terminaron cuestionando la acción del régimen y cuyas respuestas resultaban esclarecedoras para comprender lo que estaba ocurriendo en mi país: ¿Podían los venezolanos, en nombre de una supuesta revolución que había hecho cambios políticos interesantes, sacrificar sus principios éticos y morales frente a un gobierno con una fuerte tendencia autoritaria y aceptar la voluntad de un "elegido" para imponer sus creencias a favor de una supuesta vocación redentora hacia los pobres? Preguntas como estas comenzaron a aparecer en mis noches de insomnio.

El embajador venezolano continúa desarrollando los planes de la misión e intenta un intercambio comercial y cultural con los libios: logra realizar dos exposiciones de fotografía y pintura de su país y una muestra de tapices y tejidos. Ellos tenían poco interés en estas actividades. Hay restricciones y prohibiciones que impiden mostrar desnudos o mujeres que enseñen las piernas. Anteponen dificultades a cuanto se les ofrece y dudan de todo. Su prioridad es la política para posicionar a Libia, pero sobre todo a su Líder como el líder del mundo africano y de algunos países árabes y convencer a Estados Unidos de que ellos se dejaron de "eso". El embajador volvía a insistir en su pregunta: ¿Qué sentido tiene mantener una embajada en un país como Libia? Su mujer se hacía la misma pregunta. Él intuye que no durará mucho al frente de la misión. Es un desgaste de ambos lados, por parte de su gobierno y a causa del país anfitrión. La tendencia autoritaria asumida por el presidente venezolano en los últimos meses le permitía avizorar, más temprano que tarde, su regreso a la universidad. La primera versión de su carta de renuncia comienza a darle vueltas en la cabeza.

La segunda vez que vino mi mujer a Libia recuerdo haberle mostrado un borrador de esa larga carta que había elaborado justificando mi renuncia. Allí agradecía al Gobierno la oportunidad que me había dado para ejercer tan alto cargo y, en cuanto a los motivos de la misma, alegaba problemas familiares y algunas críticas de cómo el gobierno venezolano llevaba la diplomacia internacional y muy particularmente en el caso de Libia. Cuando mi esposa terminó de leer el borrador, me dijo a secas:

—Está muy floja, me parece que haces concesiones y te guardas muchas críticas –de seguidas me preguntó–: ¿Y cuándo piensas enviarla?

—Al terminar el trabajo que me he propuesto en la embajada. He comenzado una reestructuración y modernización y no quiero irme dejando las cosas a mitad de camino.

—Me parece un absurdo todo lo que está pasando. Te advierto que el Gobierno no mejorará; por el contrario, empeorará. Cada día observo con más firmeza su carácter autoritario.

—Lo sé, pero debo terminar mi trabajo. Ahora preparo un intercambio comercial entre los dos países a través de una comisión mixta cuyo decreto está listo. No te impacientes –le contesté, y me quedé pensando que ella volvía a tener razón.

Todas estas apreciaciones fueron contribuyendo a configurar mi renuncia. Me sentía impotente ante los acontecimientos que sucedían en mi país.

Terminé renunciando a mi cargo de embajador la noche en que vi por televisión los sucesos del 11 de abril de 2002. Fue la gota que rebosó el vaso. Esa misma noche envié el fax renunciando a mi cargo. Para mí resultaba muy clara la conducta manifiesta del Gobierno y su tendencia autoritaria. Me produjo rabia el ataque despiadado a la manifestación del pueblo venezolano y la cantidad de muertos. Y aunque los hubo de ambas partes, oposición y Gobierno, me indignó el tinglado armado tratando de darle la vuelta a la situación para ocultar a los verdaderos culpables de los disparos que mataron e hirieron a venezolanos inocentes y que luego recibirían todo el apoyo del presidente Chávez.

Renuncié tal como le había advertido a mi hijo Alejandro Rafael en aquel almuerzo antes de mi salida del país si las cosas iban mal, y por la insistencia de mi esposa que desde Venezuela me contaba por teléfono los detalles de los sucesos tales como habían ocurrido. El texto de mi renuncia llegó a Relaciones Exteriores de Venezuela esa misma noche:

Consternado e indignado por los acontecimientos acaecidos en el día de hoy, que provocaran la muerte de muchos venezolanos inocentes y que han sumido al Gobierno en una tendencia abiertamente autoritaria y antidemocrática, me veo en la imperiosa obligación de poner mi renuncia como embajador de la República Bolivariana de Venezuela en Libia.

Me resulta incompatible continuar ejerciendo una labor diplomática en nombre de un gobierno que ha confiscado los principios y derechos democráticos que tanto ha pregonado defender.

Después del envío de esta carta pensé en mis amigos del gobierno libio. Si llegaban a conocer su contenido no entenderían cómo el embajador de la revolución venezolana podía haber renunciado de esa forma. Me llamaron un día de Relaciones Exteriores de Libia y pensé que estaban enterados, no sólo de mi renuncia, sino de los términos en que había sido escrita. No fue así, pero aproveché la oportunidad para hablarles de ella y decirles que me esperaban otros destinos. No lo podían admitir.

—Díganos, ¿qué podemos hacer por usted? Nos da mucha pena su regreso, eso no puede ser, piénselo bien, embajador.

Llegué a temer por mi suerte. Tuve sueños espantosos, me veía huyendo por las terrazas de los vecinos al estilo Tony Curtis en *Ali Babá y los cuarenta ladrones*.

La misma noche de los acontecimientos, después de redactar mi renuncia, llamé a mi amigo Teodoro Petkoff, director del diario *Tal Cual*, para ofrecerle la publicación de mi carta. Mi intención estaba dirigida más bien a comunicarme con un amigo de dilatada experiencia política para pulsar su opinión sobre lo que me ocurría.

—Quiero que la publiques en tu periódico –le pedí.

—¿Y para qué quieres publicarla?

—Quiero que se conozca desde ahora mi posición frente a lo que ha ocurrido.

—Deja eso así, vale, mejor te quedas tranquilo. Ya la enviaste a donde la tenías que enviar –me dijo intentando persuadirme, y agregó–: Y tú, ¿cómo te sientes allá? –me dijo con cierta duda de que algo me estaba pasando.

—Estoy preocupado por la reacción que pueda tener el gobierno libio al enterarse de los términos de mi renuncia; podría tomar represalias en mi contra —y le conté lo que había sucedido con el embajador venezolano a comienzos de los noventa al apoyar nuestro país la aplicación de las medidas de bloqueo contra Libia por sus actividades terroristas.

—¿Y qué pasó en ese entonces allá?

—Quemaron nuestra embajada y el embajador se salvó de milagro.

Teodoro respondió de inmediato con uno de esos arranques contundentes tan propios de él:

—¡Agarra el carro oficial de la embajada, te vas de inmediato a la frontera con Túnez y allí tomas un avión y te vienes!

La respuesta de Teodoro me sacó del estado anímico en el que me encontraba y me produjo una risa desbordada. Él no tenía idea de los trámites burocráticos que implicaba salir de Libia. Y además era una intrepidez emprender un viaje como el que me proponía hacia una frontera tan lejana, donde resultaría muy extraño que el embajador venezolano, en momentos en que debía estar en su embajada, por razones obvias, estuviera más bien viajando hacia Túnez, adonde sólo se iba como turista o en ocasiones muy especiales. Pero su respuesta contundente me regresó a la realidad concreta y me sentí mejor.

Recuerdo que el ex embajador de Libia en Venezuela, y buen amigo, funcionario responsable en su cancillería y encargado del Departamento de América Latina, me dijo después de hablar con él sobre mi renuncia —sin conocer el contenido de la misma— que no comprendía ciertas actitudes de mi gobierno sobre áreas clave de la administración pública.

—No entiendo, embajador, cómo es posible que al frente de Pdvsa hayan puesto a un militar que no era revolucionario. Claro, así los problemas surgen cuando uno menos se los espera —y volvió a insistir—: ¡Cómo van a colocar al frente de la empresa más importante del país a un militar contrarrevolucionario!

Yo le di una respuesta contundente que lo dejó sin aliento:

—Mire, Jamal, esa es una cuestión que sucede en todas las revoluciones —aproveché para sacarme esa espinita de adentro porque ellos se sentían infalibles y pretendían sabérselas todas en política. Entonces le solté mi argumentación–: Fíjese usted, Jamal, ¿quién iba a pensar que el ministro de Hacienda libio se iba a ver envuelto en un acto de corrupción con los dineros públicos? ¡Y era un hombre de confianza del Líder! ¿No es así? Además, mire usted el otro caso, ¡el del general fulano!, hombre carismático, precisamente uno de los pocos que acompañó a Gaddafi en el golpe contra el rey Idriss, de pronto aparece criticándolo y luego lo encuentran, según me cuentan, vinculado a ballets rosados y a tráfico de influencias. Ahora lo tienen ustedes confinado en su propia residencia, aunque le dan permiso para ir al extranjero por problemas de salud. ¡Es que no hay en quien confiar, Jamal! –le dije con aire solidario y una cierta carga de ironía, mientras él se quedaba sin habla y con algún ligero cambio en la tonalidad de su piel.

El *affaire* Carmona me pareció un disparate desde el principio hasta el fin. Recuerdo que veía CNN cuando recibí una llamada telefónica de mi esposa que estaba en Venezuela. Varios amigos se encontraban en casa y pude conversar con algunos, vía telefónica. A uno de ellos le advertí que me parecía una torpeza lo que ocurría en ese momento. Estaba convencido de que era un error garrafal y sus consecuencias serían terribles para las fuerzas progresistas del país.

—Muchos opinan lo mismo, pero están contentos con sacar a Chávez del poder por cualquier vía –me espetó mi amigo.

—No comparto esa opinión. ¡Cómo se van a disolver los poderes legítimamente constituidos! Es el más grave error que se haya cometido. Detrás de Carmona deben andar los zamuros –le dije.

Como me encontraba solo en Libia, fui a casa del embajador español para terminar de ver las noticias y más tarde me enteré del regreso del Presidente a Miraflores. Volví a la residencia y encontré muchas llamadas de diplomáticos libios y otras de Caracas. En especial, la del embajador de Libia en Venezuela, que me había dejado un mensaje en la grabadora para felicitarme por la recuperación del poder.

El presidente Hugo Chávez había sido depuesto fundamentalmente por los militares y la participación de una gran parte de la población venezolana. El pueblo con su sabiduría, o su torpeza, restituyó al Jefe de Estado en sus funciones, en tiempo récord, en apenas cuarenta y ocho horas.

Las palabras del presidente Chávez de vuelta al Palacio de Miraflores me conmovieron. Lucía como un hombre ponderado y dispuesto a dar demostración de su buena voluntad y reconciliación con los distintos sectores, como lo afirmó. Estas palabras estaban cargadas de buenas intenciones, sin embargo la última frase me dejó pensativo: "Pero tenemos que tomar decisiones". Aquí cabía todo. Y, efectivamente, los acontecimientos posteriores demostraron que en ellas cupo de todo.

Al siguiente día me fui temprano a la embajada y cuando apenas entraba en mi oficina vi llegar desde el segundo piso una serie de vehículos oficiales. Me inquietó aquel despliegue de autos del gobierno libio. Al abrir la puerta de mi despacho venía un militar libio acompañado de uno de los altos jerarcas del Comité Popular del Pueblo que traía un ramo de flores gigante (los libios gastan millones de dólares en flores), me lo entregó y me felicitó por el retorno del Presidente a Miraflores. Allí estuvimos conversando sobre los últimos acontecimientos y me hizo una pregunta:

—¿Qué cree usted que pasó, embajador?

Yo le contesté sin tapujos:

—Se han cometido muchos errores, general, y como dice Fidel Castro [esto lo dije como una sentencia bíblica e irrefutable dado el santo de donde procedía], "el presidente Chávez ha abierto innecesariamente muchos frentes" –y agregué–: Además, hay unos cuantos incapaces que lo rodean y lo asesoran mal.

Ellos me miraron con sorpresa, otros asintieron silenciosamente (eran unas doce personas) y luego se marcharon manifestándome su solidaridad con la revolución venezolana. Yo les di las gracias y los acompañé hasta la puerta entre las risas y los chistes que disfrutaban los libios sobre sus propias ocurrencias. Me dije a mí mismo: ¡Si supieran que nada tengo que ver con este gobierno!

Esperé paciente la aceptación de mi renuncia, que llegó con retraso de un mes. Luego me enteraría por una amiga de la cancillería venezolana que ella había recibido mi fax la noche misma del 11A y se alarmó al ver su contenido, por eso lo guardó en el último puesto de un legajo de renuncias que llovían de todas partes.

LA DESPEDIDA

El gobierno libio me preparó una extraordinaria despedida
en uno de los restaurantes conocidos de la ciudad. La mayoría
del cuerpo diplomático estuvo en esa cena acompañándome.
Varios colegas tomaron la palabra para emitir algunas consideraciones sobre mi persona que terminaron ruborizándome.
Jamal, el amigo ex embajador de Libia en Venezuela, pronunció
una sentida alocución que hablaba de mi labor desplegada en
su país y que, al igual que los demás, lamentaba mi partida. Yo
cerré el acto agradeciendo mi estadía en Libia y la solidaridad
que había recibido del gobierno y su Líder. Mientras hablaba
continuaban llegando colegas que me ponían nervioso porque
pensaba que entre ellos se colaba algún funcionario de inteli-
gencia del Gobierno para traer mi carta de renuncia y mostrarla
al Director de América Latina del Ministerio de Relaciones
Exteriores que presidía aquel acto. Fue una situación incómoda
que viví durante toda la cena. Me veía saliendo de allí escoltado
por personas del Gobierno que me llevaban detenido. El recuerdo del incendio de nuestra embajada ordenado por el propio
Gaddafi en la época del bloqueo a su país y la forma como el
embajador de entonces pudo salvar su vida acudían a mi mente.
Era una práctica del Gobierno atropellar a quienes disentían
de las líneas de política del régimen. El acto terminó con una
entrega de presentes y recuerdos de los colegas y del Gobierno.

Pero la despedida más afectuosa y sentida la tuve de parte

de los empleados de mi embajada. Después de haber permanecido por años sin reivindicaciones sociales, sin haber tomado vacaciones en muchos años y ganar sueldos de miseria, pude lograr rescatar su dignidad como seres humanos que ni siquiera tenían seguridad social para el momento de mi llegada a ese país.

Pese al deseo de salir pronto de Libia, sentía sin embargo nostalgia por mi partida. Atrás quedaban mis amigos, colegas embajadores y una experiencia de un territorio y sus personajes que me enseñaron a mirar la vida de otra manera. Me sentía contento con la labor desplegada por mí durante dieciocho meses. Había roto el maleficio que se cernía sobre los embajadores que allí llegaban: hice más de una cosa.

No obstante, después de mi renuncia viví días de angustia. Seguía pensando que el Gobierno podía tomar represalias contra mí si se enteraba de los términos en que la había planteado. Una noche soñé con una poblada que llegaba a la residencia del embajador y gritaba consignas en mi contra. Portaban pancartas en las que me acusaban de traidor a la patria. En el sueño corrí a levantar a mi robusta y joven secretaria que aún dormía. Se despertó sin saber lo que ocurría.

—Salgamos de aquí inmediatamente.

El baño de mi cuarto tenía una ventana que daba hacia los patios de las casas vecinas.

—Véngase –le ordené, porque ella insistía en recoger algunas pertenencias, entre otras su libro de Mafalda–. ¡Recoja sólo su pasaporte y huyamos! –le grité.

Había pensado que la única posibilidad de salvación era brincar hacia los techos traseros, alcanzar la avenida cerca de la residencia española y refugiarnos allí. No sabía cómo sacarle agilidad a mi secretaria y estimularla a brincar por los tejados lisos de las casa vecinas. Finalmente le di una orden:

—¡Brinque usted primero! –y mientras la ayudaba a franquear la ventana se atascó porque sus redondeces no cabían por la estrecha abertura. El desespero llegó al máximo y me desperté sofocado. Abrí la otra ventana de mi habitación, miré con sigilo hacia la calle y vi que estaba desierta. Sonreí y me acosté de nuevo sin poder conciliar el sueño.

Me ocurría a menudo que estando en mi despacho sentía llegar automóviles a la embajada y de inmediato pensaba que venían por mí. Nunca estuve tranquilo sino hasta el día en que tomé el avión.

Ya estando todo preparado para marcharme de Libia, apenas quedaba en el dormitorio una mesa de noche y algunos trastos viejos en la residencia porque salía temprano al día siguiente, cuando vi llegar desde mi habitación uno de esos automóviles negros de lujo que usa la guardia de Gaddafi y que resultan intimidantes por su tamaño y por la oscuridad de sus vidrios. Bajé nervioso al recibo de la casa y cuando descendía por las escaleras tropecé y casi me rompo las narices si no hubiese sido porque uno de los colchones de la mudanza estaba adosado a la pared, esperando que viniera la señora de la limpieza a buscar su regalo. Me asomé a la ventana todavía con la impresión de que algo estaba pasando y sentía que yo me encontraba en medio del suceso. El timbre de la casa repicó con espacios de intermitencia prolongada y no me quedó otra salida que abrir la puerta. Me sentía nervioso por el inesperado contratiempo. Vi entrar por la puerta principal del pasillo de entrada a la figura delgada y siniestra del segundo a bordo de la oficina de protocolo. Ese personaje que jamás sonreía con nadie esta vez llegaba con una ligera distensión de sus labios y con una amabilidad rara en él. Al tratar de decirle que cuál era el motivo de su inesperada visita se me adelantó sin mediar saludos de ninguna naturaleza.

—Vengo de parte del Líder, desea hablar con usted inmediatamente. Sentí que mis piernas se enfriaban y creí por momentos que me precipitaría al suelo. Pensé que el tan evitado momento había llegado porque debieron enterarse del contenido de mi carta de renuncia.

—Pero si yo estoy arreglando mi equipaje y dando las últimas instrucciones al personal de la embajada –le dije; fue lo primero que se me vino a la mente.

—Entiendo, pero debo conducirlo hasta su despacho –me dijo como si nada importara mi premura–. El Líder necesita verse con usted.

Me abrió la puerta del automóvil y me senté en el puesto de atrás. Sentía como si hubiese entrado a una bóveda de donde nunca saldría. Enmudecí mientras veía al hombre que me miraba por el espejo retrovisor. Las calles de Trípoli me parecían extrañas, sus personajes miraban con insistencia el vehículo que se desplazaba por calles y avenidas como si fuera una rareza lo que sucedía ante sus ojos. Estaban acostumbrados a una comitiva de muchos más autos desplegados por la ciudad; les parecía raro que un sólo vehículo como aquel se desplazara solitario por las calles.

En pocos minutos los guardias del búnker de Gaddafi abrieron la pesada puerta de la ciudadela y entramos hasta llegar a la gran carpa donde más de una vez vi al Líder en recepciones o visitas de dignatarios foráneos. Yo que pensaba desde la última vez que más nunca volvería a pisar la residencia de Gaddafi y estaba de nuevo en ella.

Fui recibido por dos amazonas que al menos me parecieron amables y en pocos segundos me encontraba en un ámbito de soledad frente a una mesa y un par de sillas colocadas para el caso. Me quedé íngrimo por espacio de varios minutos o segundos, no puedo precisarlo, pensaba en que todo se había descubierto y yo permanecería en Libia sin saber en qué condiciones. Me sentía impotente porque ni que me hubiese negado hubiera podido escaparme de aquella entrevista.

Sentí voces y aparecieron cuatro amazonas que se ubicaron a los lados de la mesa y un par de ellas en la puerta de la carpa. De pronto vi entrar a Gaddafi por uno de los pasillos secretos de su inmensa casa de lona. Venía con su cara compungida y con cierta incomodidad en su rostro que contrastaba con el esplendor de su vestimenta color amarillo oro. Me extendió el brazo y nos dimos un apretón de manos.

—Su Excelencia, hemos sabido de su renuncia... –en ese instante el frío se me subió hasta el cabello, me sentí perdido, pero la continuación de sus palabras me calmaron–. Para nosotros es una pena que usted regrese a su país habiendo pasado tan poco tiempo entre nosotros. ¿Por qué se va usted de Libia? –preguntó reafirmando cada una de sus palabras–. ¿Tiene algún problema que nosotros podamos resolver?

—Agradezco mucho su deferencia, Líder, pero mi gobierno me ha llamado quizás porque me necesita para otros destinos –mentí. Quería dar una respuesta irrefutable y salir del atolladero donde supuestamente me encontraba.

—¿Quiere usted que yo hable personalmente con el presidente Chávez?

—¡No, no, por favor!, se molestaría conmigo. Ha sido un pedimento expreso de él y no quisiera contradecirlo –le dije casi desesperado. Quería salir de aquel espacio a como diera lugar.

—Su excelencia, estamos contentos con su trabajo –me dijo, yo sonreí y agradecí sus palabras.

Al darse cuenta de que yo no tenía ninguna intención ni dudas de quedarme en Libia, se levantó de su asiento y me deseó buen viaje. Estreché su mano y cuando ya iba por la puerta escuché de nuevo su voz cavernosa y gélida. Me quedé tieso e hice luego un giro militar para verle la cara. Ahora sonreía por su olvido.

—Mis salutaciones al presidente Chávez, dígale que aquí cuenta con un amigo –levantó su mano empuñada y se perdió en las profundidades de la carpa.

Al otro día, al ver el puerto de Trípoli empequeñecerse y luego la lejanía del mar Mediterráneo que se perdía entre las nubes, respiré tranquilo y supe que me había salvado.

Al pisar suelo venezolano me sentí bien. Sin embargo tenía dudas de las reacciones de algunos amigos de la cancillería que pertenecían al Gobierno. Muy por el contrario me reciben con gran respeto y lamentan mi renuncia. Alguien me habló del comentario de uno de los embajadores al considerar mi renuncia como un acto de inmadurez. Según me dijeron, se trataba de un ministro muy conocido. Di algunas explicaciones, pero desistí de profundizarlas porque me acordé de mi buen amigo contertulio de café, el querido y malogrado profesor Horacio López Guédez, que un día me dijo: "El que se explica mucho, se debilita". Quizás el que tuvo la más graciosa observación fue mi hermano Alfredo, quien al verme de regreso me dijo, en son de chanza:

—Sólo a ti se te ocurre tamaña estupidez. En Libia estabas bien lejos de Chávez, ganando buen dinero. Ahora estás más "cerca" de él, pero con un sueldo miserable en la universidad.

Ya habría tiempo de reflexionar sobre lo ocurrido. No me interesaba otra cosa que no fuera regresar a mi universidad y después de tanto desierto regocijarme entre las portentosas montañas de los Andes para continuar con lo que sólo ahora me interesaba: la escritura.

El avión se estremece como siempre entre nubarrones y montañas dentro del estrecho valle de cerros tan próximos a nuestras narices. Comienzo a distinguir los predios cercanos que se deslizan allá abajo. Pienso en la suerte de haber regresado a mi ciudad cargado de historias. Tengo la sensación de haber estado en un mundo perdido, dilatado, de sueños, de soledad y ficción, y ahora regresaba desde allá a mi otro mundo que me hacía reencontrarme con la vida cotidiana, con mi medio verdadero. El primer sentimiento es de alegría. El avión golpea el asfalto de la pista, escucho el estruendo de sus motores y aún conservo la sensación trágica de que este aparato se comerá toda la pista y llegaremos hasta la Facultad de Medicina que está después del aeropuerto. La gente siempre aplaude en estos aterrizajes. Quizás sea por la proeza del piloto de traer sanos y salvos a buen destino a los pasajeros, o tal vez sean los nervios que produce la incredulidad de saberse en tierra firme. A través de la ventanilla veo a Manuelita Sáenz, guardiana permanente de la vieja placita. Ahora son los paneles de Cruz Diez deteriorados, reflejo de un país que se hunde en la misma condición. En la terraza del aeropuerto distingo a mi familia y a los amigos. La emoción es una cosa seria.

Regreso al T'Café y me alegra ver de nuevo a mis amigos de tertulia. Tenía la impresión de haberlos dejado ayer. El reencuentro es de alegría compartida, apretones de mano y abrazos. Retomamos las conversaciones interesantes y divertidas de siempre. Creo haber recuperado mi espacio vital de donde saldrán muchas historias. En esta primera conversación, después del cálido recibimiento y las sorpresas inevitables, inicio mi relato sobre este paréntesis diplomático entre preguntas aglomeradas. Vuelvo a ser quien yo era, experimento la sensación de un letargo. Y he comenzado a contarles a todos las memorias que usted acaba de leer.

Epílogo

Luego de la maldad y el consiguiente exterminio,
viene el ocultamiento del exterminio.
Y después llega el ocultamiento del ocultamiento.

HAYDEÉ KOHAN

Mi experiencia como embajador en Libia siempre me hizo pensar que el pueblo libio iba a estar muchos años bajo el régimen de terror de Gaddafi. Cuando estuve en ese país el Líder tenía 32 años en el poder. Han pasado 10 desde entonces y aún permanece. Los acontecimientos de Egipto, que han dado al traste con el presidente Mubarak (no con su régimen, al menos todavía), han desencadenado una serie de protestas multitudinarias y sangrientas en los países árabes que reclaman cambios radicales en sus gobiernos y relevo de los líderes que hasta ahora los han gobernado. Jamás imaginábamos que Libia iba a ser afectada tan pronto por estos acontecimientos. Sin embargo lo ha sido y no estoy tan seguro de que los rebeldes, que se baten por la caída del régimen, lo consigan de inmediato. Quisiera equivocarme, ojalá este deseo se consumara a la salida de este libro al público, pero prefiero quedar mal que acertar.

En los actuales momentos Libia vive una guerra civil que ha costado la vida a mucha gente; se habla de miles de muertos en combate. Las cifras exactas aún no se conocen por las restricciones que ha impuesto el gobierno libio en la trasmisión de información, pero en una era globalizada como la nuestra, con el desarrollo de las nuevas tecnologías, ha habido suficientes medios de comunicación que han permitido conocer la masacre que allí se está perpetrando. Es una guerra desigual. Las armas modernas y el apertrechamiento bélico favorece a las fuerzas leales a Gaddafi. No obstante, pese a esa diferencia, los rebeldes dominan la mayor parte del territorio, incluyendo la zona petrolera más importante al este de Libia.

La lucha de los rebeldes no es una lucha antiimperialista ni contra el "imperialismo yanqui" y mucho menos entre religiones. No hay consignas ni pancartas alusivas al respecto en sus movilizaciones. Se trata de una lucha contra la opresión y el régimen de terror de Gaddafi instalado en el poder por más de cuatro décadas. La sublevación de los rebeldes es una acción desesperada por vivir en un mundo mejor, en un régimen democrático de libertades que erradique la tortura y el terror a que ha sometido su gobernante a la población todos estos años.

Lo que hemos visto por televisión sobre la guerra en Libia es simplemente una masacre del régimen de Gaddafi contra "su pueblo". Las propias actitudes del Líder y de su hijo frente a las cámaras de televisión los dibujan como verdaderos déspotas dispuestos a que el país se hunda con ellos. Esta situación por demás aberrante de seres que no se conciben abandonando el poder y prefieren la cruenta guerra que diezma al pueblo libio, ha sido condenada por la gran mayoría de la comunidad internacional. Sólo tres gobernantes (los de Cuba, Nicaragua y Venezuela) han estado de acuerdo con lo que está sucediendo en Libia. Es decir, apoyan al genocida Gaddafi. El presidente venezolano, después de dar muchas vueltas, primero con un silencio sospechoso al comienzo del conflicto, luego con declaraciones tibias durante su desenvolvimiento, se ha quitado la máscara y ha dejado relucir su opinión confesando que a él no le consta lo que está sucediendo en Libia: "...a mí no me consta", ha declarado con cinismo por televisión.

Está muy claro: el presidente Chávez le tiende la mano al régimen terrorista de Gaddafi. Son las paradojas de su gobierno denominado "revolucionario": allá en África apoya la situación grave que vive el pueblo libio a causa de su aliado. Aquí al lado, en Colombia, ha mantenido un comportamiento contradictorio y sospechoso en relación con las FARC, las guerrillas terroristas de este continente, mientras el presidente Santos las combate.

Un disco duro encontrado en uno de los ordenadores en las selvas de ese país, después que el ejército colombiano diera muerte al "Mono Jojoy", jefe guerrillero, pareciera haber dilucidado la estrategia del gobierno venezolano con esas fuerzas del terror. Por lo pronto estas evidencias reposan tranquilas en espera del tiempo de justicia.

ÍNDICE

9 789807 212083